广播电视与新媒体发展研究

丁长征　岳慧升　程　茜◎著

哈尔滨出版社

HARBIN PUBLISHING HOUSE

图书在版编目（CIP）数据

广播电视与新媒体发展研究 / 丁长征，岳慧升，程
茜著 . -- 哈尔滨 : 哈尔滨出版社 , 2023.9
ISBN 978-7-5484-7588-0

Ⅰ . ①广… Ⅱ . ①丁… ②岳… ③程… Ⅲ . ①广播电
视 – 研究②传播媒介 – 研究 Ⅳ . ① G220 ② G206.2

中国国家版本馆 CIP 数据核字 (2023) 第 183689 号

书　　名：**广播电视与新媒体发展研究**
GUANGBO DIANSHI YU XINMEITI FAZHAN YANJIU

作　　者：丁长征　岳慧升　程　茜　著
责任编辑：杨浥新
封面设计：道长矣

出版发行：哈尔滨出版社（Harbin Publishing House）
社　　址：哈尔滨市香坊区泰山路82-9号　　邮编：150090
经　　销：全国新华书店
印　　刷：廊坊市海涛印刷有限公司
网　　址：www.hrbcbs.com
E-mail：hrbcbs@yeah.net
编辑版权热线：（0451）87900271
销售热线：（0451）87900202　　87900203

开　　本：787mm×1092mm　1/16　印张：11　字数：230千字
版　　次：2023年9月第1版
印　　次：2024年1月第1次印刷
书　　号：ISBN 978-7-5484-7588-0
定　　价：68.00元

凡购本社图书发现印装错误，请与本社印制部联系调换。
服务热线：（0451）87900279

前　言//PREFACES

随着社会经济的高速发展，人们的生产、生活方式发生了翻天覆地的变化，人们对生活质量的需求也随之提升。人们在选择传播媒介时，不再局限于传统媒介，新兴媒体为人们提供了更多选择的渠道和途径。选择的侧重点也发生了变化，人们更加看重传播媒介的新颖性、便捷性和传播内容的趣味性、时效性。新媒体环境下的信息传播往往带有一定的互动属性，无论是微信、QQ之类的社交软件，还是微博、一日资讯之类的新闻浏览平台，其互动功能极为明显，这也是新媒体与传统媒体不同的地方。传统媒体环境下的互动具有选择性、过程性，随着新媒体技术的不断发展，网络互动更加便捷，人们可以通过资讯留言进行实时讨论，借助视频弹幕讨论剧情，给予观众更为优质的互动体验。

新媒体环境下，各行各业在受到新媒体冲击的同时，经营发展理念亦发生了极大的变化，对于广播电视行业来说，同样面临着由新媒体带来的机遇和挑战。在这一背景下，加强与新媒体的有效融合，是广播电视行业实现自身有序健康发展的大势所趋。和新媒体相比，广播电视具备公信力强、公众认同度高的优势，而新媒体具备信息传播迅速、信息获取途径众多等优点。广播电视要想在新媒体环境下继续保持自身优势，必须要注重与新媒体相互借鉴、融合发展，进一步提高自身的行业竞争力。因而，与新媒体实现融合发展，是广播电视不断创新发展的一条重要途径。

本书围绕"广播电视与新媒体发展"这一主题，以广播电视的内涵为切入点，由浅入深地阐述了广播电视的内涵、发展历程、基本功能、技术原理，系统地论述了广播电视节目的编排与生产，诠释了新媒体的内涵、传播特征与发展趋势，分析了广播电视产业的数字化变革以及与媒体融合的动因，深入探究了新时期传统广播电视与新媒体融合发展的困境及策略，力图为新媒体背景下中国广播电视事业的发展提供有益的借鉴和参考。本书内容翔实、条理清晰、逻辑合理，注重理论与实践相结合，适用于广播电视传媒相关专业人员。

作者在撰写本书的过程中，借鉴了许多专家和学者的研究成果，在此表示衷心的感谢。本书研究的课题涉及的内容十分宽泛，尽管作者在写作过程中力求完美，但仍难免存在疏漏，恳请各位专家批评指正。

目 录//CONTENTS

第一章

广播电视概述

第一节 广播电视的内涵

一、广播电视的概念

从纯粹技术和物理性能的角度来看，广播电视是通过电磁波传导方式传送声音和图像的电子信息传播媒介，是一种电子通信手段。广播电视是人们凭借电子音像技术有意识地建立的大众传播媒介，并向有需求的观众传送专门制作的声音和图像节目。所以说，广播电视是通过电磁波传导方式向特定范围播送音像节目的大众传播媒介。

广播电视学广义上不仅包括电子技术和设备实际应用的理论，而且是一门涉及面广、比较复杂的学科。它涵盖面广，与社会的很多层面都有联系。广播电视学应该建立在新闻学、传播学的基础上，并应与社会学、哲学、心理学等学科相互融合。

广播电视具有社会属性和自然属性。社会属性是指广播电视是社会发展、科技进步的产物，我国国情决定了我国新闻事业具有社会主义特性，是为中国广大人民群众传播新闻、引导舆论、服务社会的舆论工具。广播电视事业作为舆论宣传的重要阵地，是党和人民群众的耳目喉舌。自然属性是指广播电视是通过无线电波或导线传送声音、图像的大众传播媒介。作为电子媒介，广播电视是当今人类进行信息交流的重要媒介，以节目为最终产品。

二、广播电视的重要性

作为现代社会的一个重要组成部分，广播电视具有重要作用，主要体现在以下几个方面。

（一）是国家经济体系中不可缺少的一部分

近年来，广播电视事业迅猛发展。据统计，全世界能自制节目的广播电台和电视台都有上万座，广播转播台和电视转播台均有数万座。广播电视事业已逐步发展成为一个规模庞大的行业部门，拥有数额巨大的资产和人数可观的从业大军。无论是在我国还是在世界其他国家，庞大的广播电视事业部门和与之相关的规模更大的电子工业，不仅是广大民众认识世界、了解世界的重要工具，也是千万人赖以生活、工作的场所，更是国家经济体系中不可缺少的一部分。

（二）是社会进步和发展的直接推动力

广播电视是一种人们接触最为广泛的大众传播媒介，在新闻传播、意识形态宣传、文化娱乐、社会教育、信息服务等领域发挥着巨大的作用。随着时代的发展和社会的进步，在经济全球一体化和世界同步现代化浪潮的推动下，广播电视正以其独特的优势在社会生活中扮演着更加重要的角色，人们与广播电视的关系也更加密切。广播电视事业的发展及其在整个社会物质文明建设和精神文明建设中产生的影响，与社会经济、文化的发展相互促进，成为社会进步和发展的直接推动力[①]。

（三）是促进国家文化建设的重要动力

1.引导公众价值观念

广播电视传媒作为国家文化建设的重要组成部分，承担着重要的社会责任。广播电视媒体通过引导公众良好的价值观念，提高公众文化素质，对于国家的文化建设有着非常重要的意义。

2.推动文艺创作

广播电视传媒推动文艺创作，丰富了人们的艺术生活。广播电视媒体在传播艺术时，不仅仅是满足了人们对艺术的需求，同样也推动了文艺创作的发展，提高相关从业者的技能和表现力，有利于文化事业的繁荣和发展。

3.促进全民文化素质的提升

广播电视传媒是提高全民文化素质的重要途径之一，通过传播文化知识，来提高全民文化素养水平。广播电视媒体积极推动文化教育，设计出大量高质量的文化节目，让观众在观看的过程中，收获了许多宝贵的文化知识。

4.成为文化产业的重要支柱

广播电视传媒在社会经济结构转型升级中，成为文化产业的重要支柱，为国家经济社会发展做出了重要贡献。在传媒人才培养上，广播电视传媒吸引了大量优秀人才，使传媒领域的专业发展更具可持续发展性。

总之，广播电视传媒对国家文化建设的重要性是不可忽视的。新时代，广播电视传媒不断追求创新、应变，为国家文化建设做出了新的贡献。

---

① 段汀霞.新编广播电视概论[M].开封：河南大学出版社，2009.

（四）对促进农村建设具有重要作用

要建设一个生活宽裕、乡风文明、村容整洁、管理民主的社会主义新农村，广播电视在宣传党的方针政策、改善农村文化生活、促进农村经济社会发展、提高农村文明程度方面起着不可替代的作用。

1.宣传作用

发展好广播电视，充分发挥广播电视的宣传作用。让群众了解广播电视在新农村建设宣传中的重要性。在新农村建设宣传过程中，务必将"建设新农村"的各项政策落实到位。这一项政策宣传涉及的范围比较广，只有新闻媒体认真做好自己的本职工作，发挥好广播电视的宣传作用，才能对新农村建设政策做到认真把握、及时宣传、正确引导。在宣传的同时，不但要将党和政府的精神予以认真传达，还要将农民的心声予以及时反映，听取民声，让各级政府根据民情及时调整策略，使决策更具有科学性，更有利于社会主义新农村的建设。

2.引导作用

新农村建设中的广播电视就是正确掌握宣传原则，引导社会舆论。由于新农村建设战略任务不是短时期就能完成的，而是一项长期的艰巨任务，因此广播电视媒体在大众群体面前，务必遵守正确宣传的原则，正确引导广大人民群众，将宣传的力"度"落到实处，而许多地区没有正确把握住宣传的"度"，在宣传典型与实际情况时相去甚远，学习发达地区并非去学思路、学精神，而是生搬硬套其先进的经验，对自己本地区的发展而言，毫无意义。所以要特别注意广播电视在建设新农村中的宣传引导作用。

3.监督作用

在建设新农村中，对广播电视进行定位就是积极履职尽责，积极进行舆论监督工作。社会主义新农村建设工程不仅复杂，还是一项长远的战略目标。在此过程中，有来源不同的资金投入，就会出现许多的资金问题。所以，我们要发挥好广播电视舆论监督工作。对各级各单位是否正确履行职责、是否存在失职行为、是否有腐败行为等情况进行监督。使广大人民群众知道，广播电视是一种极具影响力的传媒，在构建新农村建设中发挥着重要作用，肩负着重要责任。

三、现代广播电视的新认知

现代广播电视与传统广播电视的最大区别就是其存在方式发生了变化。传统广播电视单媒体形态将逐步融入多媒体，也被称为"新媒体"。这种变化是不以人的意志为转移的。

目前我们正在推行由模拟制播系统向数字制播系统转化的工作，这只是向多媒体发展跨出的第一步，也是非常关键的一步。数字化之后，我们的电视机就变成了多媒体信息终端，不仅能看电视节目，获取多种信息资讯服务，还可以通过电视进行购物、缴水电费，电视机逐渐成为人们日常生活中不可缺少的工具，成为社会现代服务业的支撑平台。我们应该与时俱进，抱着积极的态度主动迎接这种挑战，抱残守旧是没有出路的。

（一）广播电视与多种媒体在内容形式上的互补融合

广播电视的信息网络化趋势改变了传统广播电视的传播观念，现代化的数字压缩技术使网络信息在存储、传递方面比传统广播方式更具优势。数字化的网络传输系统集报纸、图文、电话、广播、电视、电影传播功能于一体，从根本上提高了传播效率，降低了传播成本。网络广播电视不仅可供用户收听、观看，也可供用户检索、阅读、存储、评论、下载、剪辑和转发，从根本上改变了传统媒体信息单向流动的特征，给予受众前所未有的传播选择权和参与权。这种双向互动的方式强化了传播的效果，弥补了传统广播电视的不足，发挥出了前所未有的互补优势。

1.传播功能的优势互补

SUN微电子公司的杰可布·尼尔森（Jakob Nielsen）早在他的专栏文章《传统媒体的终结》中预言，大多数现行的媒体样式将被以综合为特征的网络媒体取代："为什么传统媒体的几种样式是各自独立的？为什么你必须在它们中间进行选择？比如，你只能在电视中看到新闻事件的活动图像；只能在报纸上看到新闻的完整报道；你只能在杂志上看到重大事件的深度分析报道？为什么所有这些东西不合而为一，成为一种单一的媒体？为什么不把新闻报道与百科全书的档案资料、地图集、报道中涉及的人物的自传、相关国家的历史小说及其他更多的读物连接起来呢？"广播电视传媒与网络传播一体化整合发展，有助于充分利用网络传播的优势，克服广播电视自身存在的许多缺陷。而广播电视传播和网络传播的一体化整合，使广播电视传播功能实现优势互补。因为微型电脑不仅可以单独处理资料、文字、声音、图像、视频，而且具有综合处理音频、视频、图像、文字等多类信息的功能，实现图文视听一体化。如网站上的广播电视节目，可以配备相关的图文及背景数据链接，为用户提供多方面的信息参考：电视曾经以声音和图像同步传播的优势，取代了印刷媒介。而网络传播实现了文字、图片、图表、动画、广播、电视等多种媒体功能的集中体现，广播电视传媒和网络传播的一体化整合，为广播电视超越自身局限拓展了无限宽广的天地。

2.传播信息的有增无减

传统广播电视的信息容量只能局限在一定的时间段内，一个频道一天只有24个小时的信息容量，信息流量变得非常有限。而广播电视传播和网络传播的一体化整合突破了传统广播电视线性播出的流程，使所有信息都可以同时储存在网络上，根据选择需要随时在网络终端呈现，从而大大增加了广播电视播出的信息容量。另外，计算机数字压缩技术使节目内容的存储和查询变得简单可行。通过链接，用户可以随时随地访问所有存储节目的信息以及其他相关内容。此外，文字、图片等多种信息传播功能的辅助配合，也可进一步扩大信息传播容量。用户可以在与节目相关的文字、图片、声音等形式的背景资料进行链接的过程中，对节目相关信息做进一步的选择。

3.传播时效的随机更新

广播电视节目按线性流程播出，最大的缺点就是稍纵即逝。这给受众充分汲取、消化信息内容带来很多不便。而广播电视的网络一体化整合使节目内容既可同步实况播出，也可异步传播。也就是说，所有节目内容暂时储存在共时线上，供用户随时选择播出，从而有效地克服了传统广播电视节目只能同步接收、转瞬即逝的缺陷，极大增强了信息传播的有效性。另一方面，传统广播电视节目内容的更新往往受制于节目板块的整体安排，很难有所突破，而网络中的广播电视节目内容可以摆脱板块的局限随机更新，从而大大提高信息传播的时效性。

4.传播媒体的超级链接

由于传统的广播电视节目按线性流程播出，用户只能根据节目时间表和节目预告，在预定的节目播出时间段查询节目内容，接收效率极低。而广播电视传播和网络传播整合后，通过强大的网络搜索功能，用户所需的节目信息迅速呈现在显示器上，极大地增强了接收节目的确定性和针对性，提高了检索和利用信息的效率。

5.传播受众的日益分化

由于传统的广播电视节目受线性播出的时间限制，节目容量极其有限。为了使有限的节目内容具有更高的接收率，广播电视节目只能采取面向大众的形式，以吸引尽可能多的听众或观众。而网络广播电视节目内容具有异步接收、共时线上的特性，传播容量趋向无限。为了拓展服务对象和内容，节目趋向于丰富性和多样化，既保证了大众化用户的需求，也有足够的信息空间满足受众个性化的需求。另外，丰富多彩的节目内容使受众的思想情趣和审美需求日益多样化，反过来又对网络广播电视节目的多样化提出更高的要求，进而繁荣了节目创作，丰富了文化生活。

6.传播形式的双向互动

传统的广播电视传播基本上属于单向和被动的传播方式，属于由点到面的单向传播。

用户只能通过直接或间接对电视机或收音机进行控制来体现微弱主动性，通过电话、信件体现微弱的双向互动性，由于人力、物力有限，其有效性可想而知。而广播电视传播与网络传播的一体化整合，使广播电视发展到由点到点的双向交互式的传播水平，从而从根本上克服了传统广播电视单向传播的缺陷，充分体现出人的主动性和传播的双向互动性。通过计算机接收直播广播电视节目，从行为本身的性质来看属于人机对话，即机器与用户之间相互反馈信息，由用户根据自己的时间、地点、兴趣主动搜索、选择节目的内容，控制节目的播放。特别是网络广播电视节目基本上处于共时线上状态，从而有效地避免了传统广播电视线性传播所导致的被动状态。

此外，网络传播所具有的极大的兼容性也为全方位的双向互动性提供了可能。这些综合性的网络传播功能包括文字交流、音频传播、视频传播交流，用户只要配备一个简单的麦克风和摄像头，就可以在接收节目的同时，与主办方或其他用户交流沟通。

目前，网上很多节目内容都具有评论提示和转发提示，既供用户发表看法，做出直接的反馈，也便于用户以传播者的身份继续对该信息进行传播。BBS、QQ、Email、网络电话等就是在广大节目用户之间、用户和节目编辑之间进行双向互动性交流的常用形式。由于网络广播电视节目异步播出，节目容量趋于无限，从而使内容趋于丰富多样以满足各种不同的用户的需要。这样，用户不再需要按线性的播出流程被动地接收已经编排好的节目内容，而可以在无限广阔的节目信息空间根据自己的爱好和需求检索、选择节目，从根本上获得主动性和互动性。在使用网络接收节目的情况下，把用户定义为受众已经不是很恰当，因为这时用户已经改变了传统广播电视接收者的地位，成为人机互动关系中的主动者。

（二）广播电视与多种媒体在产业经济上的互补融合

各类传播媒体之间应以互利互惠、共谋发展为原则，与各媒体运营主体开展各种形式的合作，力争使广播电视资源得到最大限度的综合利用，使它的宣传效果和服务水平得到最大限度的满足和完善，逐步发展成为多媒体、多渠道、多品种、多层次、多功能的综合性传媒产业集团。首先应该着力抓好本系统资源的整合，包括对内部资源的挖掘和有效整合，同时对跨区域资源和其他媒体资源进行互利合作开发以及对民间资源的有条件利用吸收。科学地调整制作、播出、传输、分配之间的关系，最大限度发挥资源整合的优势，提升自己的核心竞争力。在新的体制框架下，以市场主体的姿态积极参与各省区之间广播电视领域的合作与发展，实行资源整合、优势互补、互利共赢，并建立起合作机制。应以市场为导向，排除区域合作的各种障碍，打破地区封锁的格局，逐步建立健全对内对外双重开放的统一的广播电视产业大市场，促使广播电视物流、人才流、资金流、信息流、品牌等各种生产要素实现跨区域、跨媒体自由流动。要在实行国有控股的前提下，鼓励和支持非公有资本进入广播电视产业领域，逐步形成以公有制为主体，多种所有制经济共同发展的广播电视产业格局，提升广播电视集团（总台）的整体实力和竞争力[①]。

随着时间的推移，使用新媒体将会成为未来的主流方向。所谓新旧是相对而言的，随着现代科学技术的不断推陈出新，新媒体也将随之成为传统媒体，更新的传媒方式将会产生。新媒体发展的最终结果就是传统媒体平台与新媒体平台的完全融合、互动，产生更为可观的价值空间和更长的产业链条。

第二节　广播电视的发展历程

一、广播电视的发展

广播电视是时代的产物。随着科技进步，人们对广播电视的要求也在不断增加，广播电视结合了电磁波和电子技术，在20世纪社会发展中，它被很多领域广泛运用，如政治、经济等领域。

（一）声音广播的诞生

从技术的角度出发，声音广播的诞生依靠以下几个技术的发展，声音广播结合了多方科技，它的发展历程可以分为以下几个步骤。

首先在1987年德国科学家赫兹发现了电磁波，这为以后的无线电波打下了基础。后来由于无线电传送信号实验的成功，1896年俄国科学家用自己发明的无线电发报机发出消息，并且成功接收了世界上第一份无线电报。后来，意大利科学家不断对无线电发报技术进行创新和完善，让无线电的功能逐渐强大，传输距离不断扩大，并且在1899年让英吉利海峡两岸的跨海信息交流得以实现。

广播事业的发展从时间上来说，可以分为以下四个阶段：一是20世纪20年代，这个阶段被称为广播事业的初创阶段；二是20世纪30—40年代，这个时间由于科技发展速度的加快，广播事业也在大力发展；三是第二次世界大战以后，广播事业实现全球普及化，人们对无线广播的需求量在不断增加；四是20世纪90年代，广播事业得到了空前发展，广播类型不断丰富多样，人们的生活和工作也受广播事业的影响悄悄改变，在广播事业的发展史上实现了质的飞跃。

---

① 王子萍，林媛，卢超逸.我国广播电视新媒体发展现状及未来趋势 [J].西部广播电视，2019（13）：45-46.

（二）电视的产生及发展过程

电视的诞生及发展过程分为：理论阶段，在理论上实现声音和图像的传输；实验阶段，这一阶段主要是通过试验实现图像的传送；播送电视节目阶段，这是广播事业发展的初级阶段；最后是电视的大力发展和功能化强大阶段。

1939年，美国推出世界上第一台黑白电视机。

1958年，北京电视广播中心第一次开始试播电视节目，国营天津无线电厂研制了中国第一台电视接收机，并且实地接收实验成功，这是我国广播事业的一个里程碑。

二、我国广播电视的发展历程

1978年到2023年，中国广播电视以坚实的脚步走过45年。回顾1978年中国改革开放的缘起，目睹40多年中国广播电视的沧桑巨变，对于这段置身其中的"历史"，我们仍记忆犹新。笔者用关键词的方式来阐释中国广播电视40多年的深刻变化，愿为广播电视大发展、快发展提供启示和借鉴。

（一）舆论导向——提高新闻舆论引导能力的新要求

40多年的新闻实践，使广大新闻工作者对"舆论引导论"体会更加深刻。舆论导向的积极意义在于把多数人的意识引导到社会进步和稳定上来，弘扬正确的舆论，抑制负面的舆论，让人们在错综复杂的社会变革中认清各种错误舆论的本质，从而统一思想认识。舆论导向的消极作用不仅仅属于思想意识形态方面的认识问题，还会引起社会不安定，表现为社会矛盾的冲突与对立，人们信仰、道德和精神危机，社会舆论纷争、社情民意的向背等不良社会倾向。

1978年，我国确立了"以经济建设为中心"的基本路线，广大新闻工作者重新思考新闻的属性、地位和作用，在推进中国特色社会主义伟大实践中发挥了重要的舆论引导作用。

舆论导向为改革开放提供优势动力，新闻工作者在实践中总结了基本规律。一要增强舆论引导的针对性和实效性。在世界范围内各种思想文化的交流、交融、交锋中，种种逆世界潮流而动的政治势力和社会思潮一刻也没有停止对和平、发展、合作大趋势的影响与干扰。在各种思想文化相互激荡的形势下，在错综复杂的意识形态领域斗争中，要旗帜鲜明、理直气壮地坚持和巩固马克思主义指导思想的主导地位，有效抵御西方对我们的干扰，使社会主义核心价值观为广大群众所感知、所认同，真正成为时代发展的舆论最强音。二要加强对社会热点难点问题的舆论引导。中国在取得巨大成绩的同时，也出现这样或那样的问题，诸如劳动就业、收入分配、社会保障，等等，这些矛盾和问题实质属于发展和前进中的问题。要通过正确的舆论引导，传播先进文化，塑造美好心灵、弘扬社会正气，及时化解矛盾，给人以积极向上的力量。三要深入群众社会实践和生活实践。当社会主义市场经济成为我国现实的经济基础时，生活实践发生了深刻变化，舆论引导形态也应随之发生相应的变化。舆论形态必须与群众的社会实践相适应，必须改变一些不合时宜的观念和做法，必须深入群众生活中，从群众的社会实践中汲收养分，把波澜壮阔的改革开放实践当成取之不尽、用之不竭的源泉。这样，舆论引导才能变得鲜活而富有生命力。

我们要善于正面地、真实地、亲切地、有效地表达自己。在坚持正确舆论导向时不妨多些人文关怀，在唱响主旋律时不妨倾听民间话语，摒弃过去那种墨守成规的说教口吻、生硬呆板的引导方式，切实增强舆论引导的吸引力和影响力。

（二）主持人——深化广播电视改革的新标志

随着中国广播电视事业的迅速发展，新闻节目从内容到形式都发生深刻的变化。主持人和主持人节目出现，成为广播电视改革的突破口和改革标志，主持人节目打破了传统的播讲方式，体现了广播电视媒体的独家优势。第一，体现了广播电视自己走路，扬独家之长的优势，主持人用鲜活的语言讲新闻，使受众产生亲切感。第二，改变了居高临下的传统的播音方式，实现广播电视传播语言的新突破，被业界称为语言革命。第三，以主持人节目为契机，引起广播电视内部的深层变革。语言革命由思想革命发生，主持人语言变革又导致新闻观念的变更，而新闻观念的变革恰恰促使新闻内容与形式发生了翻天覆地的变化。主持人的出现看似属于播出方式或业务技巧问题，实质上却标志着我国广播电视悄悄转变为多元的个性化的大众传媒。经过40多年发展和变迁，如今的广播电视节目主持人成为广播电视发展的标志性景观，各类节目主持人在广播电视的电波与荧屏上各显神通，成为提升品牌节目竞争力的重要因素。

（三）民生新闻——广播电视与大众沟通的新平台

市民话语是改革开放之后走上社会前台的一种新的话语语系，随着市场经济的发展，人们的民主意识大大增强，市民阶层开始争取自身的话语权，平民化、接近性、通俗化的节目风格赢得受众喜爱。20世纪80年代后期，民生新闻在地方广播电视的资讯和服务类节目中崭露头角。记者摒弃过去那种墨守成规的说教口吻、生硬呆板的叙述方式，以平民化的眼睛透视民间生活的方方面面，体现了"平民视角、民生内容、民本取向"。20世纪90年代初中央电视台《东方时空》栏目的设立，以及紧随其后的《焦点时刻》《焦点访谈》《新闻调查》的开播领风气之先，2002年1月1日，江苏电视台城市频道创办《南京零距离》，以新的节目形态和舆论文明的新形态成为民生新闻改革的标志性景观，引发一大批民生新闻类节目在全国流行。安徽电视台《第一时间》、湖南经视《都市时间》、四川电视台《新闻现场》、哈尔滨电视台《都市零距离》等，都很受欢迎[①]。民生新闻的真正意义在于，一改过去强调的"我想让你知道什么"和"你应该知道什么"的传播本位的做法，突出和强调了"受众需要什么"的传播理念。在选择传播内容上，第一次向着"受众需求"的方向转移；在传播效果上，真正达到了为百姓心理上解压、生活上解困、思想上解忧、精神上解闷的目的。

（四）舆论监督——广播电视反映民情民意的新窗口

在广播电视新闻改革中，广播电视记者站在人民的角度，关注人民的利益，坚持富有建设性的正确的舆论监督，成为社会的守望者。实践证明，新闻舆论监督是广播电视深化改革的一项重要功能。以20世纪80年代第一篇新闻舆论监督式的报道《"渤海二号"钻井船翻沉说明了什么》作为开端，中国新闻舆论监督在实践的层面上进行了诸多艰辛探索。经历了40多年的改革开放的过程，具有中国特色的舆论监督越来越深入地参与到我们的社会生活、民主政治的建设与发展之中。

舆论监督能在较短的时间内发挥重要作用，有三个重要原因值得研究。第一，党和政府非常重视舆论监督，为舆论监督构筑了良好的舆论环境。从党的十三大到党的十九大，舆论监督的概念反复出现在党代会的政治报告中。党和政府要求新闻媒体要不断强化舆论监督，促进社会公平正义，构建社会和谐。第二，舆论监督的实践活动日益深入人心。舆论监督不仅意味着批评，同时也包含着对事物正确的评价和建设性的意见。随着人们民主意识的增强，公众舆论监督的意识也不断增强，并能够更主动更成熟更理性地参与媒体的舆论监督。第三，舆论监督在我国现代化民主政治建设中，起到越来越重要的推动作用，并因体现民意而受到百姓的热烈欢迎。目前舆论监督观念与实践深深影响着人们的思维方式与价值观念，成为一个城市一个地区文化的力量和文明的标志。

（五）专业化——广播电视适应市场经济的新策略

20世纪80年代末广播电视专业频率频道抢滩登陆，给中国广播电视传媒带来了新的生机和活力。专业化的广播与电视在全国各地陆续呈现。专业化虽然带来细分化，而细分化带来的是节目的丰富与多样，更重要的是这些专业化的频率、频道和节目越来越重视人的心灵层面上的需求，肯定人的价值、尊严，关注人的生活环境和生存状态，更加注重以人的命运为最终关怀，全方位为受众提供信息，因此发展迅速。20世纪90年代以来全国各省市创办的交通广播、音乐广播、经济频道、都市频道、体育频道等专业频率和频道，其传播影响力和市场回报率均有上好表现，专业广播电视已成为具有优势的媒体。

[①]周欣.论述科技时代下的广播电视的发展[J].科技资讯，2015（5）.

（六）品牌战略——提高广播电视的核心竞争力的新举措

在市场经济迅速发展的背景下，中国广播电视已进入品牌化时代，进入一个快速发展、全面繁荣的时期。从中央到地方，广播电视工作者培育建设了一大批为广大人民群众所喜闻乐见、高度认同的品牌，形成央视、省级卫视、省级地面频道、城市台和境外电视媒体五足鼎立、竞相发展的新格局。从过去不懂品牌，到逐渐把品牌上升为广电行业的核心战略，广播电视工作者经历了艰辛的探索和发展历程。

由于市场竞争激烈、审美疲劳等多方面因素，广播电视品牌的生命周期更为短暂，更容易昙花一现，广播电视在实施品牌战略后又实施品牌延伸战略，促进延长广播电视品牌的生命周期、扩大品牌效应，利用全盛时期观众忠诚度高的有利形势及时进行音像、图书、明星包装等相关产品的开发，不仅增加收入，提升原品牌节目的核心竞争力，甚至拓展出新的领域，打造出新的品牌。北京、上海、广东、浙江等地的电视台在品牌拓展上实行强强联合，全力打造品牌竞争力，市场份额不断增加。

（七）电视剧——构建社会主义核心价值观的新载体

随着改革开放和经济发展，以及电视机的迅速普及，电视剧日益成为中国文化市场重要的组成部分之一。特别是20世纪90年代以来，电视剧不仅反映了当代中国政治、经济、文化的发展，同时也对中国社会的时代风尚、价值观念、文化潮流产生了复杂而深刻的影响，成为影响当代人精神和情感走向的重要文化力量。前两年，最突出的现象是军旅题材剧的光彩。历史剧除继承了世纪末的清史，以及中华人民共和国国史之外，老字号世家的家史故事也都独具特色。电视剧已经全面介入现实，成为人们认识生活、关注生活的重要载体。电视剧在中国人的精神生活里，一直扮演着无可替代的重要角色，人们生活轨迹的转换，社会历史的变迁，都在电视剧中展现得淋漓尽致。在短短的十几年中，电视剧能如此快速发展，成为一种独特的文化的深刻原因就在于，一是满足了受众需求，二是反映了社会现实，三是政策扶持使电视剧等相关因素走上了产业化的发展道路。

（八）数字电视——广播电视数字化传播技术的新变革

数字电视发展已成为广播电视发展的新平台和新景观。在机遇与风险并存的数字化浪潮下，应该说数字电视发展前景看好，但"软肋"十分明显。广播电视工作者正在努力克服发展中的"四大瓶颈"与"三个障碍"。"四大瓶颈"指的是资金瓶颈、内容瓶颈、技术瓶颈和市场瓶颈。资金瓶颈是制约各地数字电视发展的根本问题。面对数字电视革命性变革，要承担由此带来的巨额投资和运营成本压力。内容瓶颈是各地提供的数字电视内容缺少新意，消费者掏钱收看数字电视的积极性不高。技术瓶颈是网络不升级改造，则难以完全满足人机互动的要求。市场瓶颈是指市场推广"一头热"，产业本身尚未成熟。"三个障碍"特指思想性障碍、体制性障碍和人才结构性障碍。广电系统正着力克服四大瓶颈，破除三个障碍，大力实施数字化、网络化、信息化战略，整合资源、调整结构，优化布局，加快推进广播影视由模拟向数字转变、由传统媒体向现代媒体转变，带动民族工业和文化产业的迅速发展。

（九）资本运营——广播电视的资源优化与重组的新探索

1997年1月，国家新闻出版署正式批准"广州日报报业集团"成立。它标志着我国大众传播媒介产业化进程驶入官方认可的"快车道"。而在此前相当长的一段时间内，我们一直把大众传播媒介定性为单纯的上层建筑，不承认传媒具有产业性质，不能用市场的办法实现传播资源的合理配置和有效运作。1999年，我国广播电视集团也相继成立，开始在资本的市场上进行一系列探索。

广电传媒集团经过市场经济的磨合和淘沙，不仅是舆论导向的主力军，而且在转型过程中不断改革创新，完善机制，革除弊端，兼营其他相关产业，并开始与资本市场结合，实力不断增强。上海文广集团、湖南电广传媒、北京歌华有线都在尝试资本运营，有效推动产业发展。

（十）学习型团队——促进广播电视大发展快发展的新理念

广播电视事业和产业能够快速发展，很重要的原因就是培养了一支政治强、业务精、纪律严、作风正的广播电视队伍。但是面对社会转型和广播电视产业的快速发展，队伍的状况远远不能适应。转型期广播电视队伍确实存在着本领恐慌，即缺乏文化观察力的思想恐慌，缺乏知识转化力的知识恐慌，缺乏市场运作的心理恐慌。"本领恐慌"，实际上是一种忧患意识、使命精神和内驱动力。它鞭策广播电视队伍学习新知识，掌握新本领，创造新业绩。因此广电提出建立学习型团队的目标，通过三讲教育和三项学习等活动，强化全面、系统学习理念，递进式系统学习科学，发展智能型个体，塑造智慧型群体，建设创新型团队。

第三节　广播电视的基本功能

一、广播电视的新闻功能

广播电视是新闻传播的最佳途径，也是新闻传播的最现代化方式之一。广播电视声画并用，可以在最短的时间内传达最为丰富的信息，其容量也大大超过其他的传播媒介。

如《新闻联播》信息含量丰富而充实，《军事报道》《军事纪实》《综合新闻》《国际时讯》等这些新闻含量丰富的新闻节目，以直观的画面和语言将信息直接传递给观众。观众可在极短的时间内，了解世界各地的奇闻轶事，可谓"君子不出家，便知天下事"。

二、广播电视的宣传功能

广播电视是政治工具，是阶级的喉舌，它可以采用直接和间接的宣传，通过新闻、文化、艺术、知识等节目方式对大众进行教育引导。广播电视的新闻宣传工作就是让广大人民群众可以及时了解到国内外每天发生的大事，及时了解执政党和政府的宣传路线、方针、政策和所提倡的道德规范、思想观念等，为广大人民群众的经济生活服务。

首先，广播电视是党、政府和人民的喉舌，在社会舆论和思想文化中处于主导地位。不管形势如何变化，广播电视的喉舌性质与教育功能不会改变。同时，根据时代与受众需求，采制与传播丰富多彩、健康向上的文化知识类、科普常识类、文娱体育类、生活服务类等节目，使广播电视的社会功能更加完善、更加健全、更加符合群众的客观需求和欣赏品位，以进一步提高广播电视的时代性，为推进全社会的思想政治工作服务。

三、广播电视的监测功能

广播电视以其特有的技术和专业化的信息处理优势，提供着最新、最活、最快的新闻信息，跟踪热点新闻事件，及时进行深度报道，从而完成对人们生存、发展环境的监测。广播电视新闻对环境的监测功能主要体现在以下三个方面。

（一）信息传播

广播电视新闻能够迅速发展正是基于信息时代人们信息需求的急剧增长。广播电视新闻传播信息及时、鲜活、容量大。通过收听收看广播电视的各类节目，人们可以对自己所生存的这个世界从总体上有基本的把握，帮助人们扩大认知领域。

（二）社会控制

信息流通过程中，大众传播媒介对信息起着"过滤器"和"放大器"的作用。一方面，作为"把关人"的电台、电视台记者、编辑、主持人、制片人等对新闻素材进行筛选、过滤、加工；另一方面，广播电视将大众的意志、意见、要求和呼声汇集起来，可以形成一种集中的、强大的舆论和导向。因此，广播电视的新闻传播是一座信息桥梁，起着沟通协调、社会控制的作用。

（三）舆论监督

广播电视新闻传播中的舆论监督包括人民群众通过广播电视对党和政府的宏观决策及

贯彻执行的监督、对政府公职人员行为的监督、对企事业行为以及各种社会行为的监督，推动国家政治生活民主化的进程，倡导社会主义核心价值观，端正社会风气。

当今，社会广播电视处于舆论的中心地位，其对舆论的导向、形成、传播起着重要的作用。

第一，牢牢把握政治导向，明确坚定的大局意识。要坚持党性原则，坚持喉舌意识，我们新闻工作者必须时时刻刻注意在思想上、政治上自觉地与党中央保持一致。宣传什么，怎么宣传，都要从大局出发，无论是新闻报道还是专题报道都要做到胸中有全局，不能有任何偏差，不能丧失原则，破坏安定团结。

第二，深入实际，讲究实效，重视社会效果。现在广播电视新闻舆论的影响越来越大，社会反映越来越强烈，这就为我们广播电视从业人员提供了一个实现自身价值的广阔舞台。我们应该深入实际，深入生活，进行认真调查研究，广泛收集资料和听取意见，从总体上把握新闻的真实性、准确性和严肃性，引导人们的思想行为和社会大众的注意力，在宣传上帮忙不添乱。

第三，坚持正确的舆论导向，必须注意把握好热点和焦点问题的报道。

四、广播电视的信息服务功能

信息是人们通过采集、识别、变换、加工、传输、存储、检索和利用等过程获得的。其表现形式有数据、资料、消息、新闻、情报等。每种媒体使用的符号系统不同。有的媒体只能表达一种符号系统，传递一种信号；有的媒体可以表达两种或两种以上的符号系统，传递丰富的信息。广播电视艺术的信息功能，就是广播电视艺术工作者把已知的信息用一种广播电视艺术形式、观众可以理解的形式发送出去。

中国广播电视信息服务功能是社会主义市场经济日益发展和媒体工作者市场经营和受众意识不断增强的结果。随着当代中国社会经济生活的日趋繁荣，受众对信息服务方面的需求也在不断增加，广播电视的信息服务功能正在不断被开发和利用起来。广播电视的信息服务功能具体体现在以下几方面。

（一）提供日常生活信息服务

广播电视可为受众提供间接性和直接性的信息服务功能。观众可从信息中捕获大量可用信息，促使生活更健康向上。例如，财经类节目帮助人们更清晰地了解社会经济动态，明晰经济发展状况，《经济半小时》《财经报道》《每日农经》《经济与法》这些节目的开展，可以为人们的经济生活提供某些经济服务功能；《天气预报》《健康之路》《心理访谈》《为您服务》《旅游指南》类服务性节目，为人们的现实生活确实提供了方便，体现出浓厚的人文气息和人文关怀。

广播电视在为群众日常生活提供信息服务方面，有着更大的渗透力和更好的效果。广播电视信息服务节目的内容与百姓生活息息相关。例如，许多电台开设交通信息节目采用直播方式播报路况信息，以满足司乘人员的需要；广播电视每天播发的气象节目，更是人们出行、旅游所必需。

（二）为专门的经济活动服务

当前，经济信息在人们生产、生活中的作用日益重要。广播电视在传播经济信息、金融信息，推动经济发展上具有明显的优势。

（三）特殊的服务节目形式——广播电视广告

广告是广播电视信息服务功能的重要体现形式。广播电视广告是以直接或间接方式树立商品或企业形象，促进商品销售和服务为目的的有偿宣传活动。它是一种介于生产、流通和消费之间的信息渠道，在促进生产、扩大流通、指导消费、活跃经济、方便人民生活和发展国际贸易等方面起着重要的作用。

五、广播电视的文化功能

文化是国家和民族的精神基石，是国家和民族自立于世界之林的身份标志。文化作为国家的软实力，与经济硬实力一起成为综合国力的两大重要组成部分。广播电视传播为文化建设服务，其涵盖了整个文化门类，包括文学、艺术、教育、科学以及人们的生活方式等。以下仅从广播电视的教育、文艺、科技服务等方面进行简要阐述。

（一）教育服务

广播电视可以对人们进行思想道德方面的教育，产生潜移默化的影响。同时，广播电视还能为大众提供很多服务性的信息。因此，在建设社会主义精神文明过程中，广播电视就起到了不可替代的作用。

广播电视具有先进的技术性、开放的辐射性、系统的网络性和广泛的社会性等特点，是一种先进的教化工具，是实现教育现代化的重要途径。其中广播电视社教节目和广播电视教学节目是直接实现教育任务的两类节目。

1.广播电视社教节目

从总体上讲，社教节目内容丰富，集思想性、知识性、科学性、艺术性、趣味性于一体。如央视科教频道的《百家讲坛》，通过通俗的讲解方式向大众普及中华优秀传统文化，激发大众对历史文化的浓厚兴趣。

2.广播电视教学节目

广播电视教学节目涵盖政治、经济、文化、军事、教育、卫生等方面，其中为适应改革开放和科技现代化而举办的各种讲座，为渴望新知识的受众提供了难得的学习机会和有效的学习环境。广播电视教学节目作为一种行之有效的教育形式，将与广播电视社教节目一起担负起继续教育的重任，成为学校教育之外的第二大教育模式。

（二）科技服务

科学技术是经济发展的发动机，但如果先进的科学技术仅仅掌握在少数人手里，根本无法有效实现其生产力价值。目前，现代科学技术发展日益加快，科技界和广大群众迫切需要交流科技信息，更新科技知识，进行科技知识的普及和推广工作十分重要而紧迫。广播电视作为大众传播工具，一方面应该大力普及科技知识，另一方面要弘扬科学精神，为提高全民族的科学文化素养而不断努力。

（三）文艺服务

广播电视的一大任务是满足人们日常的文艺需求。广播电视的文艺服务包括两个方面。

第一，通过广播电视普及优秀文艺作品，将优秀的文艺作品广为传播。广播方面如小说连播、广播剧，电视方面如电视剧、综艺节目、专题晚会等。广播电视通过自己独特的艺术手段对原有的文艺作品进行再创作，不仅使原作得到再传播，而且给受众以别样的审美享受，进而提高人们的艺术修养。

第二，通过各种不同类型的广播电视栏目、节目满足人们的文化需求，提升大众的文化品位。如以教授京剧和地方戏为宗旨的《跟我学》节目，以普及戏曲艺术、弘扬传统文化为己任，为戏曲爱好者提供学习、体会戏曲神韵和欣赏传统艺术的平台。

六、广播电视的大众娱乐功能

广播电视艺术形式多样、丰富多彩，无论是综艺节目还是电视专题片、纪录片、电视剧等，都具有鲜明的大众娱乐功能。

与市场经济相伴随的往往是多元并存的大众市民文化，而且以休闲消费文化为特征，娱乐是其本位。当代中国广播电视艺术已然融入大众市民文化的建设。其打破神圣等级、鼓励自我参与、受众与媒体共娱共乐的存在方式，其弃表演而求真实、有程式却生活化以及共时性交流的特点，给广大受众留下了深刻的印象。例如，中央电视台《同一首歌》《艺术人生》等融娱乐、情感、音乐、益智于一体的综艺类节目，是经过仔细包装的以娱乐为本位的大众文化。世俗化、大众化的娱乐文化节目一方面受到大众的广泛欢迎，而另一方面，也受到学院派专家学者的普遍质疑和对其负面影响的不断批评。它与生俱来的市场文化的趋利性、时尚性，对传统精神文化的冲击和瓦解，对历史赋予的说法和形象的消解和重构，对转型期中国社会的价值观建设发挥了至关重要的作用。因此，广播电视艺术必须以健康向上的精神信仰力量作支撑，才能不负提升大众文化素养的神圣使命[①]。

广播电视艺术的娱乐功能，不仅表现为丰富多彩的节目样式，也表现为风格迥异、个性鲜明的节目主持人。作为电视文艺传播者，主持人利用电视传播的现场感，尽力吸引受众。今天，广播电视文艺节目在中国迅速扩张，受到大众的广泛欢迎，主持人的文化修养显得格外重要。主持人把自己对社会、人生、哲学的感悟和理解，用适当的方式有效传递给广大受众，直接关系到广播电视文艺节目的存在价值。有力度、有意味、有品格的电视文艺作品，凝聚着主持人平常对社会生活的观察、体验、分析、思考，是其长期文化积累、文化思考、社会思考的结果和体现[②]。

第四节　广播电视的技术原理

一、广播电视的技术基础

（一）广播的技术基础

声音广播就是生活中通常所说的广播，是指通过无线电波（无线广播）或导线（有线广播）向广大地区传送声音节目的大众传播工具。[③]广播诞生于20世纪20年代，其特点是用声音传播信息，本质属性是听觉感知。广播的主要优势是对象广泛、传播迅速、功能多样、感染力强。随着数字时代的到来，声音广播将进入数字音频广播（Digital Audio Broadcasting，DAB）和网络广播的时代，向包含数据广播、多媒体广播、交互式服务等的综合形态过渡。

1.声音的产生和传播

（1）声音的产生

声音是由物体的机械振动或气流的扰动引起弹性媒质发生波动而产生的。能够引起听觉的声振，就称为声音。正在发声的物体叫声源。声音的特征包括响度、音调和音色。

响度是指人主观上感觉到的声音的大小（俗称音量），由声波的振幅和人离声源的距

---

①张凤铸，施旭升.广播电视艺术学通论[M].北京：中国传媒大学出版社，2011.

②张凌彦，高歌.广播电视艺术与新媒体技术发展研究[M].西安：世界图书出版西安有限公司，2018.

③刘昕.GIS系统电视新闻领域应用探讨[J].现代电视技术，2012（8）：114-116.

离决定，声波的振幅越大响度越大，人和声源的距离越小响度越大。音调是指声音的高低（高音、低音），由声波的频率决定，声波的频率越高则音调越高。人耳能感受到的频率范围是20Hz～20kHz，20Hz以下称为次声波，20kHz以上称为超声波。

音色是指声音的特性，又称音品，由发声物体本身的材料、结构决定。音调、响度、音色是声音的三个主要特征，人们就是根据它们来区分不同声音的。

（2）声音的传播

声音在本质上是一种波动，声音的传播就是物质的振动在媒介中以波的形式传递。声音必须通过空气或其他的媒质进行传播，随着物体的振动，原处的空气密度及压力随之发生变化，而该处的变化又进一步引起相邻点的空气密度和压力发生变化，这样一点一点相互影响，使起始点的空气密度和压力的变化向其周围空间推进形成声波，声波传到人的耳朵，使人产生声音感觉。声音是由物体振动产生的声波通过媒介传播到听觉器官所产生的印象。

2.广播声音的分类和作用

广播声音元素可以分为三类：语言、音乐和音响。它们在广播中各自发挥不同的作用，其中，语言是传播信息的载体，也是广播最主要的手段，音乐和音响是渲染气氛、增强真实感、提高传播效果的辅助手段。

（1）语言

语言主要是指有声的口头语言，包括对白、独白、旁白、心声和解说。广播中主要指播音和现场音。人声的作用在于叙事，具体在广播中，其作用主要表现在以下几个方面：

①播报信息：这是语言的最主要的任务，新闻、教育、服务等节目是纯粹事实性的，不需要表达感情，如天气预报等，只能靠语言来表达。

②营造节目内容的过渡：文艺性的节目，如现在的"晚会"和"流行音乐排行榜"，在节目与节目之间或歌曲与歌曲之间，往往要靠主持人的语言来连接过渡。

③提供艺术情境：语言的语音、语调可以为广播艺术作品提供很好的艺术情境。如欢声笑语表明此时广播剧情节是欢乐祥和的。

④营造作品情节：以广播剧为例，广播剧需要的是激烈的矛盾冲突，这种矛盾冲突必须通过人物在语言的碰撞中表现出来。

（2）音乐

音乐包括器乐和声乐。音乐是人类的共同语言，它没有国界，不需要翻译，能够精确地表达人们内心的感受与情绪。音乐在广播中的作用是综合性的，音乐可以陶冶情操，培养高尚情趣。具体在广播中主要有以下作用：

①广播中加入音乐节目，充实了广播内容，提高听众的收听率：音乐是广播赢得听众

的主要手段之一，也是广播文艺节目中的重头戏。

②音乐使广播节目系统连贯有序：音乐在广播中可以说是无处不在，广播进程用音乐来间隔、过渡和承转节目，可以转移听众的注意力，实现上下内容的顺利承接，这样使节目结构序列井然有序，还可以舒缓听众情绪。

③音乐的美感效应能渲染环境：音乐具有旋律美和意境美的特点，收听优秀的音乐是一种美的享受。

（3）音响

音响也称音效、效果音，是广播中除人声和音乐以外所有声音的统称。它包括动作音响、自然音响、背景音响、机械音响、枪炮音响、特殊音响。音响既有写实的作用，又有写意的作用，具有较大的表现力。它在广播中的具体作用表现在：

①音响能增强内容的真实感：音响的原型取自大自然，音响的出现使人很自然地联想到真实的情境，如蛙叫让人联想到夏夜。

②音响能渲染、烘托环境气氛：如报道某一足球比赛时，加入球迷的呐喊、裁判的哨声、球员的呼唤等音响，就会营造出激烈、紧张、精彩的比赛气氛。

③音响能表现人物的思想感情和刻画人物的心理活动：如笑声、感叹、惊呼等都能表现出人物对事件的情感，单调时钟声可以反映出人物的处境孤独。

④音响具有蒙太奇功能：按不同方式组接音响会产生完全不同听觉效果，音响的蒙太奇具有极大的艺术表现力。比如说有这样4个连续的音响：汽车行驶声，汽车急刹车声，自行车倒地声，一阵呻吟声。听到这些音响，人们就会在大脑中出现汽车撞上自行车的情景。

3.声电转换

声电转换就是将声波（机械波）转换为电信号的过程。在广播电视领域常用的声电转换设备是传声器，即通常所说的话筒或麦克风。

按换能原理不同，常用的传声器有动圈式和电容式两种。

动圈式传声器主要由振动膜片、音圈、永久磁铁和升压变压器等部分组成。振动膜片是一个对声波的空气压强变化非常敏感的膜片，音圈是一个由直径很小的漆包线绕制成的导电线圈，它固定在振动膜片的后面。当有声波传来时（如人对着话筒讲话），振动膜片就会在声波压强的推动下前后振动，其振动频率与幅度取决于声波的频率和强度，从而带动音圈在磁场中做切割磁力线的运动。根据电磁感应原理，在线圈两端就会产生感应音频电动势，从而完成声电转换。为了提高传声器的输出感应电动势和阻抗，还需装置一只升压变压器。动圈式传声器结构简单、稳定可靠、使用方便、固有噪声小，广泛用于语言广播和扩声系统中。但缺点是灵敏度较低、频率范围窄。近几年已有专用动圈式传声器，其特性和技术指标都较好。

电容式传声器其核心部件是一个平板电容器，前极板作为振动膜片，后极板是固定不动的。当有声音传来时，膜片受到声波的压力，并随着压力的大小和频率的不同而振动，膜片极板之间的距离也就会随之发生变化，从而引起电容量发生变化。由于该电容是连接在一个加有直流电源和负载的闭合同路中的，静态时（膜片没有振动时），电容器上会保持一定数量的电荷。当电容的容量发生变化时，极板上的电荷随之发生变化（充放电过程），使电路中产生与声波的频率和幅度相对应的电流，负载电阻上也就有相应的电压输出，从而完成声电转换。电容传声器的频率范围宽、灵敏度高、失真小、音质好，但结构复杂、成本高，多用于高质量的广播、录音、扩音中。

4.电声转换

电声转换是声电转换的逆过程，是将音频电信号转换成声波的过程。完成电声转换的器件是扬声器，也称喇叭。

扬声器的种类很多，其工作原理也有所不同，这里介绍最常见的电动式锥形纸盆扬声器的结构及工作原理。电动式锥形纸盆扬声器，也就是通常所说的纸盆扬声器，主要由磁回路系统、振动系统和支撑辅助系统三部分构成。

磁回路系统主要由永磁体、场心柱、导磁板等部分组成，其作用是提供一个恒定磁场。

振动系统主要由音圈和纸盆构成。音圈是锥形纸盆扬声器的驱动单元，它是用很细的铜导线分两层绕在纸管上，一般绕有几十圈，放置于导磁芯柱与导磁板构成的磁隙中。音圈与纸盆固定在一起，当声音电流信号通入音圈后，音圈振动带动着纸盆振动。纸盆的材料有天然纤维和人造纤维两大类。天然纤维常采用棉、木材、羊毛、绢丝等，人造纤维采用人造丝、尼龙、玻璃纤维等。由于纸盆是扬声器的声音辐射器件，在相当大的程度上决定着扬声器的放声性能，所以无论哪一种纸盆，都要求既要质轻又要刚性良好，不能因环境温度、湿度变化而变形。在纸盆的外边沿还粘有折环，其目的是保证纸盆沿扬声器的轴向运动、限制横向运动。

支撑辅助系统由定心支片、盆架等部分组成。定心支片用于支持音圈和纸盆的接合部位，保证其垂直而不歪斜。盆架是整个扬声器的固定框架。

众所周如，若在置于恒定磁场的导线中通以电流，则导线将受到磁场的作用力而运动。如果把一个与振膜连在一起的线圈置于一个恒定磁场中，并在此线圈中通以音频电流，则线圈将随着音频电流的变化在磁场中产生移动，于是就会带动振膜产生同步振动，从而发出声响。如果电流幅度大，则音圈振动幅度大，于是产生的声音响度大；如果电流频率高，则音圈振动快，于是产生的声音音调高；如果电流波形不同，则音圈振动波形不同，于是就产生了各种各样的声音。

纸盆扬声器是因为采用了纸盆作为振动膜片而得名的。值得一提的是，尽管现在振膜仍以纸盆为主，但同时出现了许多高分子材料振膜、金属振膜，因此用锥形扬声器称呼更名副其实了。

5.声音信号的数字化过程

声音信号的数字化是将模拟音频信号转换成数字音频信号的过程。模拟信号的振幅具有随时间连续变化的特性，由话筒直接转换来的声音信号是模拟信号，对模拟信号进行处理、存储和传送都会存在引入噪声多和信号失真大的缺点。数字音频信号是振幅不变的脉冲信号，具有振幅离散的特点，音频信号的信息量包含在脉冲编码调制（Pulse Code Modulation，PCM）中，各种处理设备引入的噪声和产生的振幅非线性失真与数字信息完全分离。数字音频信号具有动态范围大、复制不走样、可实施多路复用传输、可实现远程传输和监控、抗干扰能力强等优点。

（1）声音信号的数字化。把振幅随时间连续变化的模拟信号按适当的时间间隔进行振幅的脉冲采样，然后将各个时刻的采样振幅值用二进制数进行量化读出，最后把这些量化后的二进制数组按时间顺序排成可以顺序传输的脉冲序列（编码），这样就完成了模拟信号转换为数字信号的全过程。

（2）数字音频文件格式。音频文件包括声音文件、电子乐器数字接口（Musical Instrument Digital Interface，MIDI）文件和模块文件三类。声音文件指的是通过声音录入设备录的原始声音，直接记录了真实声音的二进制采样数据，通常文件较大。MIDI文件则是一种音乐演奏指令序列，相当于乐谱，可以利用声音输出设备或与计算机相连的电子乐器进行演奏，由于不包括声音数据，其文件较小。模块文件是一种记录方式。

（二）电视的技术基础

电视传输系统通常由摄像、传输、显像三部分组成，摄像部分完成光电转换，传输部分完成电视信号的传输，再由显像部分将电视信号还原成光学图像。整个过程涉及信号形式变换、信号选择与编码、各种参量的确定、失真的校正等一系列传输、处理信息的方法与原理。

1.图像顺序传送原理

根据人眼视觉分辨力有限的特点，可以将任何一幅图像看成是由许多密集的小点按一定的规律排列组成的。例如，当仔细观察一幅传真图片时，会发现它是由许多紧密相邻的、黑白相间的小点组合而成的。这些小点是构成一幅图像的基本单元，称为像素。单个像素面积越小，单位面积上的像素数目越多，图像就越清晰。显然，图像可以分解成为像素，像素按一定的规律组合起来便构成了图像。

在传送电视图像时，首先要把图像分解成许多像素，并把这些像素转换成电信号，再将它们用相应的信道传送出去，到了接收端再将它们转换成光像素并按原来的规律组合成为图像。为了满足清晰度的要求，电视系统要求一幅静止图像的像素数在40多万个以上（标准清晰度电视）。传送如此多的像素应该采取什么方法呢？

一种方法是同时传送，即将组成一幅画面的所有像素同时传送。显然，这就需要40多万条甚至更多的信道，从技术角度来看，这种同时传输系统既不经济，也难以实现；另一种办法是顺序传送，即把被传送图像的各像素按一定顺序依次传送出去，在接收端的屏幕上，再按同样顺序将各个像素重现出来。只要这种顺序传送进行得非常快，那么由于人眼的视觉惰性和发光材料的余辉特性，就会使人们感到整幅图像同时发光而没有顺序感。这种按顺序传送图像像素的方法构成的电视系统，称为顺序传送系统。

顺序传送系统只需要一条信道，这使得电视传输系统大为简化，但这种顺序传送必须迅速而准确，每一个像素一定要在轮到它的时候才被发送和接收，而且接收端每个像素的几何位置要与发端一一对应。这种工作方式称为收、发端同步工作，或简称同步。如果这样的要求不能满足，即接收端画面的每行或每幅画面的像素相对于发送端画面发生错位而不同步，则重现画面将发生畸变甚至无法重现。这种快速而准确地传送像素的方式在电视技术中通常用扫描的方式来实现。

2.电光转换原理

电光转换过程也就是显像过程，在电视系统中是通过电视接收机来完成的，其工作原理与显示材料及结构有关。目前用于电光转换的显示器件主要有阴极射线管（Cathode—Ray Tubes，CRT）、液晶显示器（Liquid Crystal Display，LCD）等离子显示器（Plasma Display Panel，PDP）、发光二极管（Light Emitting Diode，LED）等几种。

（1）CRT

CRT是一种最常见的图像显示器件，通常称其为显像管。显像管主要由电子枪、偏转系统及荧光屏组成。

电子束由电子枪阴极发出，在加速电场及偏转磁场的作用下按一定规律高速轰击荧光屏。荧光屏上涂有一层荧光粉，它在电子轰击下发光，而发光强度则正比于电子束所携带的能量。当图像信号到来时，图像信号加在显像管的阴极（或栅极），这时电子束将受到图像信号的调制，即电子束的强弱将随图像信号的大小而变化。与此同时，在偏转磁场的控制下，电子束将从上到下一行一行地扫描整个荧光屏，而且扫描过程与摄像端完全同步。于是，对应于某个特定时刻的图像信号，电子束会撞击在荧光屏的某个特定位置上，而且在这一位置上荧光粉的发光亮度也正比于此时此刻图像信号的大小。这样一来，就把不同时刻的图像信号大小转换成荧光屏上不图位置的亮度大小，在完成时间—空间转换的同时，实现了电光转换过程，即将一帧时间域的图像信号在屏幕上变成了一幅平面的光学图像。

彩色显像管的荧光屏上涂有三基色荧光粉，相应的电子束也有三束，它们分别受三基色电信号控制。为了使三个电子束准确地打在各自的荧光粉上，在彩色显像管内还设置了阴罩板。

（2）LCD

LCD即液晶显示器，是一种通过液晶和彩色滤光器过滤光源而在平面面板上显示彩色图像的显示器件。与传统的阴极射线管（CRT）相比，LCD具有占用空间小、功耗低、辐射低、无闪烁等优点。

早在1888年，人们就发现液晶这一呈液体状的化学物质，像磁场中的金属一样，当受到外界电场影响时，其分子会产生精确的有序排列。如果对分子的排列加以适当的控制，液晶分子将会允许光线穿越。

（3）PDP

PDP即等离子显示器，是一种利用气体放电的显示装置，主要利用惰性气体放电时产生的紫外线辐射来诱发荧光粉发光。这种屏幕采用了等离子管作为发光的基本单元。大量等离子管排列在一起构成屏幕。每个等离子管对应的每个小室内都充有氖气、氙气。在等离子管电极间加上高压后，封在两层玻璃之间的等离子管小室中的气体会产生紫外光，从而使平板显示器上的红、绿、蓝三基色荧光粉发出可见光。每个等离子管作为一个像素，由这些像素的明暗和颜色变化组合，产生各种灰度和色彩的图像。

（4）LED

LED是发光二极管的英文缩写。LED显示屏是以一个或多个发光二极管作为像元并由LED矩阵构成整个显示屏的显示方式。由于LED具有发光强度高、彩色鲜、功耗低寿命长等优点，所以被广泛应用于车站、码头、机场等室内外公共场所，用来显示文字、图形、视频等各种信息。

二、有线广播和无线广播的工作原理

（一）有线广播的工作原理

1876年，美国人贝尔发明了有线电话，可以远距离传送声音。电话发明的关键是声波信号和电信号的转换及电声信号的传送。简单来说，现代有线广播的技术原理和工作方式与电话极其相似。所不同的是，电话是一对一、点对点的信息传递，声音信息的交流是双向的。广播的信息传递则是单向的，即只是由传播者传向收听者。

有线广播是利用金属导线或光导纤维所组成的传输分配网络，将广播节目直接传送给用户接收设备的区域性广播。可有专用的传输分配网络，也可利用电信传输网络和低压电力传输网络。有线广播是传统开路无线广播的有益补充和未来发展趋势之一。它的出现为进一步开发广播媒体的潜力、对传统广播媒介资源进行重组以及找寻在网络化时代广播发展道路等方面都提供了有益的尝试。可以说，有线广播是一种新的媒体接收方式，它具有区别于传统无线开路调频调幅广播的特点与优势。

有线广播最大的特点就是在音质上与开路调频广播有所不同，它应用有线电视光缆传输广播信号入户，克服了无线信号传输受覆盖区域、信号发射、障碍物干扰等因素影响音质不稳定的缺陷，从而使音质稳定干净、清晰透彻、层次分明，更适合音乐、音响性节目的欣赏。

有线广播能为听众提供更专业化的服务。虽然广播媒介在专业性、功能性等方面的市场分工一直在不断细化，但是仍无法满足受众需求，在无线频率不能无限扩张的前提下，有线广播新增加的教育教学、通俗音乐、古典音乐等频道可以为这些听众进一步提供更到位、更为专业化的广播服务，从而进一步细分听众，并使这一部分听众获得更大满足。

（二）无线广播的工作原理

无线广播的工作过程既包括了有线广播技术中的声音信号和声频电信号的相互转换，又包括了无线电传送技术，即高频信号调制和解调、电磁波发射和接收的技术等。无线广播信号的传送是通过自由空间，如天空、大地、海洋等进行的。

无线广播的工作原理是在广播发送的一方，电台的传声器把声音转换成声频电信号后，先被送入广播机中的混频器，对载频发生器产生的某一固定频率的高频电信号进行调制，被声频调制的高频电信号通过专门的发射天线变成高频电磁波传向四面八方；在众多的接收机方，被接收天线收到的各种频率的电磁波信号被送入高频调谐器，并按照不同的载波频率，选择出应收的电台信号，再经检波器将高频电信号解调，检出声频电信号，然后再通过扬声器还原成声音[①]。按其调制方式，有调幅广播(AM)和调频广播(FM)；按其服务范围，有地方广播、国内广播和国际广播等。按播送方式分为声音广播和电视广播；按所用无线电波段分为长波广播、中波广播、短波广播、超短波广播等。在无线电广播中，人们先将声音信号转变为电信号，然后将这些信号由高频振荡的电磁波带向周围空间传播。而在另一地点，人们利用接收机接收到这些电磁波后，又将其中的电信号还原成声音信号，这就是无线广播的大致过程。

---

①石屹.广播电视新闻业务[M].北京：北京大学出版社，2014.

需要指出的是，上面只是对有线广播和无线广播的工作原理进行了简单的描述，实际的工作过程要复杂得多。

三、高频调制和解调的原理

高频调制和解调技术是广播电视技术发明的核心。

广播电视信号传输所采用的办法是将一固定频率的高频电磁波作为信号的载体，把声音信号和图像信号附在这个信号载体上面传递出去，以供人接收。声音和图像信号，通常分别称为声频信号和视频信号。广播电台、电视台发出的用于传送声频信号和视频信号的固定频率的高频电磁波被称为载波。载波的频率是人为设定的。通常一个广播电台、电视台或它们的某一套节目固定采用一个载波频率，并作为该台或该套节目的信号传送标志。为使高频电磁波能够传送声频信号和视频信号，人们采用混频的方式，在发射高频电磁波前用声频信号和视频信号对高频电信号进行调制，然后再在接收端对所收的高频电信号解调，从而达到通过传送高频电磁波来传送声音和图像信息的目的。

高频调制的原理是通过混频，用要传送的声频（或视频）信号去影响高频载波，使载波的某一参数随声频（或视频）信号的变化而变化，产生一个被调制的即叠加了声频（或视频）信号的高频载波。

高频调制的方式有调相、调幅和调频。使高频载波相位发生变化的称为调相；使高频载波振幅发生变化的称为调幅；使高频载波频率发生变化的称为调频。调幅和调频是目前广播电视采用的主要高频调制方式。

调幅的过程是用声频（或视频）信号控制高频载波的振幅，并使之按照声频（或视频）信号发生变化。调频的过程与调幅相同，所不同的是，声频（或视频）信号控制的是高频载波的频率，这种频率变化的范围在几千赫以内。在接收端，要从众多频率的信号中挑选出要接收的信号，往往采用高频解调技术，使接收电路只容许与发射频率相同的信号通过。这种接收电路可随意调整与发射呼应的频率。高频解调即把声频信号或视频信号从高频载波上"摘取"下来，这项工作是通过检波器（调频广播采用鉴频器）实现的。

四、摄像和显像

被拍摄影像通过摄像机的镜头（光学透镜）投射在摄像管底部的硒板上，通过电子束扫描，记录下图像映射在硒板上的光线的变化。显像时再通过电子束扫描，在荧光屏上还原光线的变化，从而形成图像。另外，现代电子扫描技术是从上到下、从左到右一行一行地进行扫描，每一行都包括数以千计的扫描点，并且摄取图像和显示图像的扫描运动是完全同步的。由于电子扫描比机械扫描快得多，电子束比机械孔细小得多，扫描同样一幅图像，电子扫描可以做到行多、点多，因此它产生的图像要比机械扫描清晰得多。同时，由于电子束可以实现精确控制，所以电子扫描也远比机械扫描要稳定[1]。

黑白电视中，每一个扫描点只有亮或黑两个状态的变化，许多个扫描点组成的图像可以体现出有黑有白，又有从黑到白中间许多不同程度过渡的灰色。不同程度的灰色由局部图像中黑与亮扫描点的不同比例组成。虽然黑、白、灰色已能显示出图像了，但仅仅靠黑与亮的变化很难反映出大千世界纷繁的色彩。科学家们研究得知，所有的色彩都是由红、绿、蓝三种颜色混合变化而成的，根据这个色彩原理，人们研制出了彩色电视。彩色电视的原理是在摄像时，摄像管中有三个电子束同时扫描投射有光图像的硒板，每个电子束分别记录每一个扫描点色彩红、绿、蓝中的一个基色信号，三个基色信号按一定的编码方式被分别传送到接收端；在显像管的荧光屏上，每一个扫描点都并列排着三个小的扫描点，每个小扫描点负责显示一种基色信号；传送来的视频信号中，三个相互独立的基色信号分别通过三个电子束扫描相对应的扫描点，每三个小扫描点为一组大扫描点，混合显示出原来图像具有的色彩。由于电视原理比广播原理复杂得多，因此电视技术系统的构造也要复杂得多。电视信号的传送也是采用高频调制和解调的方式进行的，通过电磁波辐射播送、接收的途径也与广播信号相同。电视是既有图像又有声音的，电视同时采用两种高频调制方式，视频信号是调幅，声频信号是调频[2]。

五、天线和无线电磁波的传播特性

（一）天线的传播特性

天线是广播电视发射和接收设施的重要组成部分。一般来说，天线长度是波长的一半时，天线发射和接收电磁波信号的效率最高。载波频率越高，所需的天线就越短。根据无线电学的基本原理，电磁波的传播路径必须形成一个完整的闭合回路。人们通常认为，无线广播和电视的信号传输是通过"天空"这一自由空间进行的，并没有闭合回路。实际上，这个传播的闭合回路是存在的，它是由天空和大地组成的。目前，我国使用较为普遍的有线广播，传送的是声频信号，实际上也是电磁波传输的一种。在整个有线广播系统中，信号传输导线和大地组成了一个传播的闭合回路。一些较为先进的有线广播系统，以高频载波附载声频信号。有线电视与有线广播则稍有不同，它以屏蔽电缆外面的金属层代替象征性的大地，与里面相互绝缘的芯线构成传播的闭合回路。相对闭合回路的组成而言，人们习惯性地把广播和电视的无线传输称为"开路"，而把有导线传输的称为"闭路"，这就是人们把有线电视称为"闭路电视"的由来[3]。

---

[1]刘爱清，王锋.广播电视概论修订版[M].北京：中国广播电视出版社，2008.
[2]刘爱清，王锋.广播电视概论修订版[M].北京：中国广播电视出版社，2008.
[3]段汴霞.新编广播电视概论[M].开封：河南大学出版社，2009.

（二）无线电磁波的传播特性

无线电磁波波长和传播范围的对应关系就复杂多了。

中波广播主要依靠地波传播，发射功率越大，传得越远，传播也越稳定。但由于受地面环境条件影响，中波在传播过程中衰减比较大，传播距离有很大限制。短波广播主要靠天空中的电离层反射进行传播。和中波相比，较小的短波发射功率就可以传播很远的距离。但短波广播有一个很大的缺点，即由于电离层每时每刻都在发生变化，这种传播极容易受到天气变化甚至太阳黑子的影响。调频广播和电视属于超短波，其通常在可视距离以内进行直线传播。为扩大调频广播和电视的传播范围，人们尽量加高发射天线，克服弧形地面对传送距离的限制。但增高天线毕竟是有限的，为此人们就改用其他方法来解决远距离传送问题[①]。一种是通过微波接力方式，即在地面上每隔50千米左右建设一个微波中继站，广播电视信号通过这个微波线路接力传送，从而达到传送到远方的目的。另一种是借助人造地球同步卫星，以实现大范围覆盖。地球同步卫星高悬在地球赤道上空约3.6万千米的同步轨道上，可以毫无阻挡地在地球与卫星之间进行直线性的电磁波传播。因此，由地面上发送的广播电视信号，通过卫星上的转发器再发回地面上，就可以传播到很大的范围。

无线电广播电视的有效服务范围是以无线电磁波的覆盖面积来表示的。如果某一广播电台或电视台发射的电磁波到达的地区，其信号强度在规定的标准以上，并且有一定的抗外来信号干扰能力，这个地区的人们就可用普通接收机较满意地收听、收看广播电视节目，这个地区就被称为覆盖区。可以用这一区域内可满意接收信号的绝对人口数和统计总人口数的百分比表示覆盖率，这就叫人口覆盖率。这一覆盖区域的面积和统计总面积的百分比为面积覆盖率[②]。

①段汋霞.新编广播电视概论[M].开封：河南大学出版社，2009.
②刘爱清，王锋.广播电视概论修订版[M].北京：中国广播电视出版社，2008.

第二章

广播电视节目的编排
与生产研究

第一节 广播电视节目及其类型

一、广播电视节目概述

（一）广播电视节目的定义

广播电视节目是指电视台、广播电台所有播出内容的基本组织形式和播出形式。它是一个按时间段划分、按线性结构传播的方式安排和表现内容、依时间顺序播送内容的多层次系统。广播电视节目是指电视台或电视节目制作机构为播出、交换、销售而录制的可供人们感知和理解的视听作品。广播电视节目是电视传播内容与形式相结合的最基本的单位，是指电视台或电视节目制作机构为播出、交换、销售而录制的可供人们感知和理解的视听作品。它是电视传播内容与形式相结合的最基本的单位。

（二）广播电视节目的传播语境

广播电视传播的语境，既有与日常交流语境明显区别乃至完全不同之处，也有与日常交流语境相通之处，大体有以下三种情况。

1.虚拟语境

广播电视节目制作和传播的语境很特殊。其与日常谈话语境一个最大的区别，就在于许多时候传播者面前没有交流实体，传播对象并不在眼前，一句话，广播电视节目语境经常处于虚拟当中。在日常的口头言语交际中，无论"独白"还是"对话"，语言交流的双方就在现场，这是一个实实在在的现实语境。拿人际交流来说，面对面的直接交流是最普遍的方式，交流的双方互为发话人和听话人，不仅有表情、动作参与其中，更有及时的反馈做谈话的催化剂，即便是不见面的电话联系或书信联系，那问答之间的双向交流心态、情态、语态（语言形态）确实存在着。而组织传播中的"独白"，一方面常会有参与者的插话；另一方面，哪怕是主讲人的"一言堂"，但听话人的神情、动作乃至会场、课堂的纪律、气氛都会给主讲者以明确的反馈，主讲人完全可以根据现场观察到的反馈及时做出调节，比如调节讲话内容的深浅、话量的增减、语速的快慢、音调的高低、音量的大小，等等。

播音员、主持人在节目中有许多面对镜头、面对话筒的"独白"，他们语言交流的对方——受众并不在面前；记者在报道现场的述评，其话语指向也并非现场的人，而是收音机、电视机前的听众、观众。虽然这些语言活动都可归为"独白"式，但是细究起来，广播电视节目中独白式言语与日常种种独白式言语不尽相同，其中的语言心理更为复杂。虚拟语境中的"独白"还不像讲课、作报告的"独白"，后者面前有听课、听报告的传播对象，如前所述，后者能够得到反馈，从而使"独白"顺利、有效地进行。广播电视节目虚拟语境中的独白虽然也能够顺利进行，但却未必是"有效"的。如果缺乏实际的经验，没有交流对象的虚拟语境必然会给人带来一种语言心理上的"陌生感"，因为不适应这种生活中少有的特殊语境，就会发生语言指向的模糊和语言目的的失落，最终失去了有声语言中那种"交流性"很强的活力，而陷入令人尴尬的"背词""念稿"的窘境。

2.现实语境

传播学将人类的传播活动分为四类：自我传播、人际传播、组织传播、大众传播，除了自我传播有时是外部言语的自言自语，有时是思考之类的内部言语之外，人们的有声语言活动在各类传播中都占有"主角"的位置，人们通过口头言语交流信息是最快捷、最方便、最易被接受、被理解的方式。从某种程度上讲，大众传播中的广播电视又把有声语言的传播发展到了极致，人们最生动活泼、最具直接可感性的有声语言借助电子传播技术突破了时空的限制，可以迅速传播到广大的人群当中。不过应当承认，在一个相当长的时间内，大众传播基本上都只是"我播你听"的单向传播。当社会大踏步地向前迈进时，思想解放，经济腾飞，科技发展，广播电视领域发生了深刻的变革，主持人节目这种传播形式出现后，受众不仅可以参与到节目当中来与主持人面对面交流，而且在节目播出过程中还能够通过电话、短信、Email直接与主持人交流。这种在大众传播中渗入的"人际性"的双向交流，使大众传播更具魅力和优势。

如果说以往播音员的语言传播主要是虚拟语境中的"独白"，那么，随着广播电视节目改革的深入，节目形态日益丰富，主持人在节目中的语言活动方式越来越多，节目制作过程中的现实语境大为增多，大凡有交流对象的语言过程如采访谈话、专访节目、谈话节目、综艺晚会节目、游戏娱乐节目、益智节目等，就属于现实语境。

3.复合语境

从总体上看，节目制作和播出语境是个复合语境。播音员、主持人面对话筒、镜头向虚拟对象进行传播，是电子大众传播最基本的形态。

在专访节目、谈话节目、开通热线、各类有现场观众的节目当中，播音员、主持人的谈话大多是面对面现实语境中实实在在的交流，虽然电台主持人看不到打进热线的听众，但交流对象却是真实存在的，交流过程是地道的双向交流、互动传播。这些语言活动都属于"对话"，是有问有答的直接交流，不过与生活中的对话不同，这些对话同时也是说给受众听的，也就是说，在节目的现实语境的实际交流中，包含着对收音机前、电视机前的虚拟听众、观众的"拟态交流"。

在综艺娱乐类节目里，主持人的语言有面对现场观众群体的，有面对现场个体的，有面对摄像机直接说给电视机前观众的，交流指向不时转换，而且既有"拟态交流"，又有实际的交流，是多种交流类型的复合及交叉。

（三）我国广播电视节目的变革和发展

众所周知，自20世纪末21世纪初，中国正在进行一场以改革开放和现代化建设为中心的伟大的变革。改革开放后，新中国迎来大发展，经济实现可持续发展，社会政治稳定，人民的生活条件不断改善，综合国力也在不断提高。中国正在向既定的现代化建设的伟大目标前进。那么，如同其他产业一样，同处在这样的时代背景下的中国广播电视产业在业务经验方面，同样在进行全面变革和快速发展，重点实现了三大突破。

第一次突破始于20世纪80年代初期，政策的突破，第11次全国广播电视工作会议制定广播电视产业的商业化标准，"四级的实施广播、电视的混合覆盖"和新闻改革推进为全面改革的主要内容。这次大的突破调动了各地方政府和广电机构的积极性，大大解放了广播电视业的生产力，全面推进了广播电视的发展。

第二次突破始于20世纪90年代初，技术突破作为本次突破的特征。有线电视、卫星电视新技术的运用，标志着有线电视的确立。有线电视网络建设、有线电视的用户和卫星电视频道开播为此次突破的主要内容。

第三次突破，整体体制改革、数码化和产业化的发展是这次转型的标志。在体制上分为事业型、计划产业技术型，以模拟数码技术系统、技术体系转换功能、传统媒体现代媒体的转换为主要内容。这次突破为中国广播电视业的观念、体制、政策、法制等各领域带来了彻底的变化。这场以全体转换为特征的变革，在中国广播电视史上具有划时代的意义。

近年来，随着科技的迅速发展和人们对信息传播的需求不断增加，广播电视网络视听行业得到了迅猛发展。①随着智能手机和无线网络的普及，广播电视网络视听行业的市场规模正不断扩大。2023年，该行业的市场规模将达到2.3万亿元。数据分析表明，移动设备的普及和网络技术的发展为这个行业的发展提供了巨大的机遇。②2023年，广播电视网络视听行业的用户规模将达到1.5亿人。这个数字表明用户对行业发展的需求和期望越来越高，同时也为行业的发展提供了巨大的市场。③数据显示，2023年该行业的视频内容市场规模将达到959.9亿元，音频内容市场规模将达到443.6亿元。这表明随着人们对内容需求的提高，平台必须提供更多更高质量的原创内容和版权内容来保证自身的核心竞争力。另外，随着全国电视频道的推广，有线网络有30套以上的电视节目可供收看。通过对未来的预测和分析，可以看到广播电视网络视听行业在2023年将迎来更为广阔的发展空间。

过去的发展历程表明，一次重大突破，带来的是电视播放的生产力的解放和广播事业的繁荣，推动了广播电视业向更高阶段发展。数字电视的大发展为今后的改革和突破奠定了基础。

（四）2023年我国广播电视节目行业市场现状

1.市场规模的扩大

随着广电事业的快速发展，广播电视节目的制作数量不断攀升。据不完全统计，中国现有1000多个广播电视台，年均制作广播电视节目数达到10万余个，广播电视媒体已成为媒体产业的重要组成部分之一。整个行业的规模不断扩大，各家广播电视媒体的投资力度也在不断加大，广播电视节目行业市场的规模正在迅速扩张。

2.类别多样化

随着观众需求的个性化和多样化，广播电视节目的类别也愈加多元，广播电视节目的种类正在不断地增加，并呈现出更多元、更丰富的表现形式。

3.引入优质内容

为了满足观众的需求，各个广播电视台纷纷开始引入高质量、有深度的节目，以提高广播电视节目行业的影响力和竞争力。各家广播电视台通过采购优秀的国内外节目、引进高水平的主持人、导演、制作团队等措施，提高广播电视节目的质量，让观众在追求娱乐的同时，也能获得更丰富、更有价值的内容。

4.移动互联网的影响

如今，移动互联网已经对人类社会产生了巨大的影响，也对广播电视节目行业造成了很大的冲击。为了与移动互联网产业相抗衡，广播电视节目行业不断地在技术、内容、营销等方面进行升级，积极推动媒体融合发展，通过多种渠道扩大传播和受众范围。

5.多元化的商业模式

广播电视节目行业市场的多元化还体现在商业模式上。除了传统的广告投放和代言、票房等方式外，各家广播电视台已经开始尝试新的收益模式，如增加节目衍生品销售、授权等方式，为观众提供更多元、更有质量的服务，提高收益。

综上所述，广播电视节目行业市场的发展正处于一个转型期，随着移动互联网的不断发展，观众的需求也在逐步改变，广播电视节目行业需要不断地进行升级和改革，才能适应市场变化。同时，多元化的商业模式也给该行业带来了更多的创新机会，未来广播电视节目行业市场必将得到进一步巩固。

二、广播电视节目的类型划分

广播电视节目的类型有很多，概括来说主要有以下几种。

（一）新闻性节目

新闻性节目是以传播新闻、报道和评论社会真人真事为主要内容的广播电视节目的总称。

1.广播电视新闻性节目的特点

与其他节目和其他新闻传播媒介（如报纸）相比，广播电视新闻性节目的特点主要包括以下几方面：

（1）用客观事实说话

真实是新闻的生命力所在，新闻真实首先是事实的真实。新闻性节目客观、真实地描述事实的本来面貌，用客观事实说话，就是"根据事实来描写事实"，这是由新闻本身的属性决定的。

（2）具有强烈的时代感

新闻性节目的内容是极其广泛的。它的报道对象包括天文地理、社会人生、政治经济、科学文化、思想言行等各个方面。它所报道、反映的新闻信息也是为社会生活的各个方面服务的。它报道的内容常常反映现实社会的最新变化，把握着社会发展的脉搏，具有强烈的时代感。

（3）传真性强

广播新闻能够真实地传播新闻事实发生的现场音响，电视新闻则声画并茂，将现场景象生动真实地展现给观众，使观众有身临其境之感。这种极强的传真性，不但能给受众留下深刻的印象，而且能够极大地调动受众的参与积极性。

（4）时效性最强

随着电子科技的飞速发展，广播电视拥有了最现代化的信息采集和传播手段，这是它和其他新闻传播媒介相比的最大优势。它不但能够对发生过的新闻事实及时报道，而且还能在新闻发生的同时进行同步报道，与广播电视的其他各种节目相比，新闻性节目的显著特点之一是有时效性的要求。

（5）信息容量大

与报纸新闻相比，广播电视新闻既可以反复多次播报，也可以在每次播报的单位时间内尽可能地增加信息容量，其信息容量比报纸大得多。

2.广播电视新闻性节目的分类

（1）广播新闻报道节目

大体上分为以下五种新闻体裁。

①消息。消息以直接提供事物发生、发展的信息和反映事物变化的面貌为内容。消息是实现国内外要闻总汇的主要渠道，具有时效性强、篇幅短小、报道面广、信息量大等特点。消息报道的时间根据需要可长可短，但要求以短为主，并且在内容明了的基础上越短越好。

②通信。通信以对新闻事物和新闻人物进行细致性和深度性报道为内容。广播通信一般包括事物通信、人物通信、概貌通信、工作通信、新闻特写、专访、录音报道、调查报告等。通信侧重对事件发生、发展的过程和人物特征进行较为详尽、细致的描述和刻画，或对新闻事实的缘由、结果、意义等做深入探讨。

③新闻评论。新闻评论不着重报道新闻事实，而是围绕新闻事实发表议论和见解，从而阐明报道者的观点。新闻评论可以是对一个时期、一个地区性的问题进行的概评、概论，也可以是对某一特定事件、人物进行的一评一论。新闻评论的篇幅可长可短。新闻评论的发出者可以是评论者个人，也可以是评论集体，还可以是广播电视机构。新闻评论一般包括社论、社评、时事评论、述评、编后话、评论性专题等。其中，社论、社评是代表编辑部发表见解的；述评和评论性专题通常含有报道描述新闻事实的内容，述和评相结合，夹叙夹议，以事实为议论的基础，以议论作为叙述事实的主线和核心。

④系列报道。系列报道以多次报道构成一个完整报道为特征。其又包括以下两种。第一，并列性报道。并列性报道围绕一个主题对相关的多种事物分别进行报道，然后将多次的个别报道有机地联系在一起组成一个节目单元。第二，连续性报道。连续性报道对一个新闻事实的发生、发展的全过程或对该事实的各个侧面进行跟踪式报道，然后将多次个别报道组成一个完整报道。每次报道的具体题目、报道风格可以不一致，甚至体裁运用也可以是多种多样的，即一个系列报道可以包括消息、通信，甚至可以包括新闻评论等形式。

⑤政令性通告。广播电视将完整地播发政府的政令、法规等内容作为一个独特的节目品种经常予以采用，目的在于使党和国家的声音迅速及时、原原本本地传达给每一个群众。

（2）电视新闻报道节目

电视新闻报道节目包括消息、专题报道、系列报道、新闻评论四种节目。

①消息

电视新闻报道节目中的消息包括两种方式。一种是口播新闻，在口播新闻中，常常可以在电视屏幕上播发文字、图表、照片及资料性活动图像等，这对所传播的信息起到辅助和补充说明的作用。另一种是图像新闻，其传达新闻信息的基本方式是活动图像和口述语言相结合，或者是以图像为主、以口述语言为辅，或者是以口述语言为主、以图像为辅。

②专题报道

电视新闻中的消息一般也要求要素齐全，新闻信息简洁明了，节奏快，直接叙述，篇幅短小等。电视专题报道和广播报道中的通信类似。专题报道是电视新闻宣传的常用体裁之一，主要用于对新闻事实进行详尽、深入的报道。因为电视新闻和新闻纪录电影的发展有渊源关系，所以电视专题报道常常借鉴新闻纪录电影的制作方法和技巧。通常，新闻纪录电影也可作为专题报道播放。

③系列报道

电视系列报道和广播系列报道的功能、作用、特点都是相同的。在我国，电视系列报道和广播系列报道主要是从20世纪80年代以来才有所发展的。

④新闻评论

电视新闻评论也是20世纪80年代以后才出现的，发展得也很不充分，但已显示出其旺盛的生命力。电视新闻评论与广播新闻评论的功能、作用、特点也是相同的。但值得指出的是，在各种评论性节目中，为真正体现电视特点，经常大量采用述评和评论性专题。这两种形式可以运用大量图像资料及现场报道，述和评相结合，使观众既能了解事实的来龙去脉，又能体会到对该事件的分析与评论。这两种形式很受观众欢迎，其传播效果也很显著。

（3）广播电视新闻节目栏目

在现代广播电视事业中，栏目化是节目播出方式的主要特征。栏目化是广播电视节目编排、播出的一种方法，即将若干个反映同一内容或同一类型的节目编排、组合在一起，形成一个独立的节目单元，或归为一个栏目，使这个栏目有一个固定的名称、标志、时间长度等，并固定安排在某个时间播放。

广播电视新闻节目栏目从内容上可分为综合性、杂志性和专一性三种。

①大多数新闻节目栏目都是综合性的，这种新闻栏目内容的丰富性决定了其受众群体的广泛性和多层次性，一般是广播电台、电视台的重点新闻节目。

②杂志性栏目是多种题材、内容的组合，一般由专门的主持人主持。它在内容上"杂"而不乱，长短结合，中心突出；在形式上为板块结构，综合变化，灵活多样。

③专一性栏目是按社会行业、社会生活方面或地域划分来编排新闻内容的，如工业新闻、农业简讯、科技动态、经济要闻、体育新闻、港台新闻、国际新闻等，适应了非群体

化传播时代的需要。这类新闻可以深化行业报道或突出对某地区的报道，满足社会公众的特殊需求。

广播电视新闻节目栏目一般都采用固定时间播出的方式。在播出时间安排上，通常采用三种原则方法。

第一种是占据"黄金"时间。早晨6点至8点和晚间7点至9点这两个时间段是一天中绝大多数听众最便于收听广播的"黄金"时间，晚上7点至10点是电视观众收看电视节目的"黄金"时间，所以大多数广播电台、电视台都在上述这两个"黄金"时间段安排重点新闻栏目。

第二种是整点播新闻，即在每个小时的整点时刻安排新闻栏目。

第三种是插空补"白"，即利用一切栏目空隙安排几分钟的短新闻、要闻等。

新闻性节目一般按计划的栏目播出，但遇到突发性重大新闻时，便可能打乱正常的节目时间安排，临时插播新闻节目。这种现象在宣传中十分常见，也是广播电视利用其自身优势适应现代社会发展的具体表现。

3.广播性新闻节目的走势

（1）新闻性节目走向专门化

频道增多，再加上网络的发展，将促使观众市场进一步细化。除了面向大多数观众的以时政新闻为主体的综合性新闻节目外，面对特殊收视群的特色化及专题化的新闻节目将日益增加。这类节目不以吸引大众为目标，而以信息的专业、权威、独到来争夺本领域的市场份额。另外是品位的专门化，即根据不同观众群的欣赏品位采用不同方式制作、编排、包装和播出新闻。采取多样化的传播方式，追求亲和力和交流感，将是今后电视传播中一道亮丽的风景。

（2）新闻性节目的专业化标准提升

这主要表现在以下几个方面：首先是客观真实性程度的提升。信息环境越是开放，不同来源的新闻越便于相互验证，报道的客观性要求自然越高。其次是报道精确程度的提升。随着新闻渠道增多，信息量增大，单纯从时间上抢发"独家新闻"的做法，在网络时代的今天越来越难以奏效。电视台要发挥自身优势，必须在信息传递的精确、深入上下功夫。最后是节目制作精制程度的提升。电视作为直观性的传播媒介，节目制作是否精良，是否好看，直接关系到节目给观众带来的视觉冲击力和情感上的审美愉悦，进而影响到节目的市场占有率。

（3）地区性新闻比重增加

这种趋势同社区在人们生活中发挥越来越重要的作用有关。目前，国内地方台的新闻性节目大多仿效央视格式，创意较少，有的甚至迷失自我，这是不足取的。地区性新闻不仅要在内容上贴近民众，贴近生活，更具深度，更生动活泼，同时要注意在节目的整体定位上突出服务型、实用性，增加近效消息，减少远效信息，也就是说要强调新闻的直接功利价值，相应淡化其认知价值，这是地方性新闻与全国性乃至国际性新闻的不同之处。当然，强调地区性新闻，并不是要求地方台的新闻性节目要囿于本地信息的传播，更不是要求电视新闻人的视野及其价值趋向要局限于封闭的区域内，而是要求电视新闻节目强化地方特色。

（4）品牌新闻节目占据主流

所谓品牌新闻节目，是指由电视台特定制作、发布的，具有该电台形象及特色的新闻节目，品牌新闻节目除了具有一般新闻节目的价值要素外，还具有公信力、唯一性、影响力和鲜明的独家特色。

经营品牌新闻节目，当然有赖于环境的营造：外部环境，需要更宽松的民主氛围，放宽言论尺度；内部环境，需要有一批名记者、名评论家、名观察家的加盟。传媒的自我推介，诸如广告宣传、举办公益性的社会活动等等，也是经营好品牌新闻节目的重要手段。

（二）教育性节目

教育性节目是向受众提供文化科学知识及多方面教育的广播电视节目。开办这类节目的目的在于普及教育，提高社会大众的文化水平；普及理论、政策、法纪、道德知识，进行社会教育。我国及世界很多国家都有专门播出教学节目的电台、电视台。在综合性电台、电视台中，教育性节目大约占总播出时间的20%。

1.广播电视教育性节目的分类

目前，我国广播电视教育性节目一般分为教学节目和社会教育节目两类。

（1）教学节目

教学节目如同学校授课，系统地传授科学文化知识。这类节目通常包括以下两种教学内容。

①综合性的学历教学。综合性的学历教学如中央广播电视大学，它包含各种专业课程，与全日制学校类似，按国家规定的教学大纲安排教学计划，通过广播电视进行开放式授课，学生来源既有应届高中毕业生，又有在职职工或其他社会人员，国家承认其具有与全日制学校相同的学历。

②应用教学。应用教学如"中央农业广播学校"、电子技术讲座、计算机应用讲座等，类似职业教育，主要是为就业培训和知识更新服务的。

（2）社会教育节目

社会教育节目的内容、形式等比教学节目要复杂得多。根据节目内容的不同，社会教育节目通常分为理论节目、知识节目、特定对象节目等。

①理论节目。理论节目侧重于对群众进行思想教育，通过通俗系统地讲解马列主义的基本原理，从理论上阐述党的方针、路线、政策，分析社会上带普遍性的思想倾向问题，同时也阐述一些社会科学理论问题，普及社会科学知识。

②知识节目。知识节目侧重于通过趣味性的节目向群众传授各种领域的科学文化知识。由于内容丰富，它逐步形成了名目繁多的节目和栏目。与理论节目不同的是，电视具有声像俱佳的优势，其知识节目通常办得比广播的知识节目更为生动活泼。

③特定对象节目。特定对象节目是依社会行业、职业、年龄或地域、经济形态等因素来划分的一种社会教育节目，如"农民节目""少儿节目"等。特定对象节目的针对性较强，因此其传播效果相对显著。

2.广播电视教育性节目的特征

（1）广播电视教学节目的特征

利用广播电视开展社会教学，就是借助广播电视这种现代化大众传播媒介所具有的各种优势来弥补课堂教学和学校教育的不足。概括来说，广播电视教学节目的特征主要包括以下几方面：

①教学师资的权威性。在学校教育中，出类拔萃的教师毕竟是少数，因此只有少量的学生能够听到著名专家、教师的教学内容。广播电视教学节目则可以聘请这为数不多的"名师"来讲课，使更多的学生受益。这不但可以提高教学质量，而且也可以通过比较和竞争提高教师的业务水平。

②教学对象的广泛性。一个教师讲课，可以有成千上万的人听讲。学习的人只要有收音机、电视机等接收工具，不管是在室内还是室外，也不管是在家里还是在办公室或是在旅途中，都可以听课。这种开放式的教育，为更多、更好地培养适合社会主义发展需要的知识型人才发挥了巨大作用。

③教学内容的多样性。广播电视教学节目可以根据观众的多种要求，安排多种多样的教学内容。比如，为培训行业专门人才，开办广播电视专科教学节目；为培养多种语言人才，开办多语种外语教学节目；为满足观众生产、生活、艺术享受等需求，开办广播电视应用教学节目，如各种技术培训、知识讲座等。

④教育结构的多层次性。受客观条件的限制，每所学校一般只能选择一个层次来进行教学，不可能既开办小学课程，又开办中学和大学课程。广播电视教学则可以突破这个限制，满足观众接受多层次教育的需要。一个广播电台或电视台，可以在某一频率或频道的不同时间里，分别播出适合中学生和大学生收听的教学节目；也可以在相同时间里，使用不同的频率或频道，播出不同的教学节目，以满足不同层次听众、观众听课的需要。

（2）社会教育节目的特征

社会教育节目的特征主要包括以下几方面：

①教育规律与广播电视传播规律的统一。广播电视的社会教育节目作为教育的一个组成部分，理所当然要遵循教育的一般规律。制作节目既要注意节目内容上的思想性、科学性和系统性，也要注意教育方法上的循序渐进、启发诱导、理论与实际相结合等。但同时这类节目又是广播电视传播内容的一个组成部分，因此必须符合广播电视传播的一般规律。

②知识性、教育性与现实性、新闻性的统一。社会教育节目是围绕党和国家的总任务及某一时期的中心工作来确定选题，按照现实的要求为社会现实服务。同时，社会教育节目还常常包含反映社会现实、联系社会现实传授知识的内容。因此，社会教育节目自然也就不可避免地要具有一定的新闻性特点。一般来说，从知识节目到理论节目再到特定对象节目是新闻性渐强，反之，则是知识性渐强。过于强调知识性而排斥新闻性或过于注重新闻性而忽略了知识性都是不可取的。

③传播对象的专一性与广泛性的统一。特定对象节目的一个显著特征是具有传播对象的专一性。理论节目和知识节目也在不同程度上有着相对专一的受众。这种相对专一的受众可以说是社会教育节目得以生存和发展的基础。同时，广播电视具有受众广泛的特点，这又使得节目在相对专一的受众群体之外，其他人都可以收听、收看，因而可以说受众在相对稳定的同时又是不断发展变化的。这种相对专一性与广泛性的统一便构成了社会教育节目的重要特征。

（三）服务性节目

服务性节目是指所有直接帮助听众、观众解决各种社会生活实际问题的节目。这类节目最明显的特征就是实用性强。它以特定的内容，给人们的工作、思想、生活提供具体而实用的服务。

1.广播电视服务性节目的分类

根据不同的标准，可以将广播电视服务性节目分为不同的类型。

（1）根据内容进行分类

根据内容，可以将服务性节目分为纯服务性节目和含有服务内容的节目两种，通常所说的服务性节目一般仅指前一种。所以下面仅对纯服务性节目进行简要分析。纯服务性节目可分为单项性服务节目和综合性服务节目两类。

①单项性服务节目。单项性服务节目内容单一，主要是提供一种知识或解决一个方面的具体问题，如中央电视台的《健康之路》《证券时间》《鉴宝》等节目，都是将具体的

知识作为节目内容的。

②综合性服务节目。综合性服务节目常常在一个节目里安排多种服务项目，内容丰富，涉及生活领域的诸多方面，如中央电视台的《生活》《生活全天候》等节目。

（2）根据形式进行分类

根据形式，服务性节目又分为普及型服务性节目和特定对象型服务性节目两类。

①普及型服务性节目。普及型服务性节目内容广泛，具有普遍性，一般适合各种职业和不同年龄、文化层次的听众、观众，如《天气预报》《银屏导视》等。实践证明，这类节目在社会上常常是很受欢迎的。

②特定对象型服务性节目。特定对象型服务性节目主要是为某一层次的观众开办的，如专门为老年人提供服务的节目和专门为残疾人提供服务的节目等。随着社会经济、文化的发展，这类节目的需求会越来越大。

2.广播电视服务性节目的任务

广播电视服务性节目的任务是由我国广播电视的性质决定的，主要体现在以下两个方面。

（1）在思想感情上做听众、观众的知心朋友

广播电视服务性节目更加贴近于群众的日常生活，也就能够更加具体地针对各方面的群众出现的各种现实问题，用谈心、对话等交流方式进行启发和诱导，解开群众心中的疙瘩。

（2）在工作生活上做听众、观众的参谋和顾问

现代社会商品经济发达，人们迫切需要了解各种经济、技术信息，沟通产、供、销渠道，促进生产的发展。

广播电视能运用传播迅速、影响广泛的特点，通过各种经济服务性节目在这方面给听众、观众以切实的帮助。同时，一些"购物指南""养生之道"之类的节目，也能为人们提供生活指导和服务。

3.服务性节目的特征

（1）即时、互动性

服务性节目往往注重即时性，也就是讲求"快"。它常采取定时滚动播出与紧急信息不定时插播相结合的方式，为听众提供及时、准确、实用的各种信息。

服务性节目采用的互动方式，也突出了"快"的特点。听众可以通过热线电话、传呼、短信、来信与主持人交流、沟通，这种互动能够让更多的听众参与进来，从而增加广播电视节目的贴近性与吸引力，活跃了节目形式。比如抚顺电台交通广播的《交广中介》

节目，真正地为有商品供求需要的听众提供了一个"空中商场"，实现了个人信息的扩大化，将某位听众（观众）与主持人一对一的交流变为发散式的传播，由个体的"窄"到广播的"宽"，互动使许多听众通过广播电视很快达成了物品交易。这种互动是以媒体的服务、听众的参与、消费者最终完成交易为周期循环，作用显著。

（2）贴近性

贴近实际、贴近生活、贴近群众既是新闻宣传工作取得实效的根本途径，也是服务性节目"火爆"的根本，更是广播电视电台安身立命的"法宝"。广播电视节目要牢牢把握"贴近性"这个基本点，由这个点带动整个节目的良性运行。

服务性节目的贴近性不仅体现在其内容上，还体现在节目主持人的平民意识上。服务性节目主持人能否在节目中贯穿亲民、爱民、为民的思想，直接影响到节目的质量，直接关系到电台在人民心中的形象。服务性节目主持人往往通过热线电话的方式和听众进行交流，主持人不但要听、说、记，而且还要对听众的来电作出相应的点评和引导。作为服务者、倾听者与交流者，主持人要达到与听众平等交流的目的，必须心里装着听众，尊重而不迎合听众，使用通俗的语言，亲切、自然的语调，良好地掌控语言，并且考虑到广播电视的公众形象和其他听众（观众）的接受程度，才能让听众愿意接受节目。

（四）文艺性节目

1.广播电视文艺性节目的分类

根据不同的标准，可以将广播电视文艺性节目分为不同的类型。

（1）根据节目功能进行分类

根据节目功能，可以将广播电视节目分为以下几种类型：

①欣赏型节目。欣赏型节目以播送各种形式的文艺品种、文艺作品为主，从而实现广播电视提供娱乐的社会功能。

②知识教育型节目。知识教育型节目主要向听众、观众传授、普及文艺理论知识和文艺技艺，这也是实现广播电视教育大众的社会功能的途径之一。

③服务型节目。服务型节目主要为听众、观众提供文艺信息、文艺知识方面的咨询，解答疑难问题，满足群众的求知欲望和其他相关要求。

④评介型节目。评介型节目主要是评介文艺作品及其创作者、表演者等。

（2）根据节目来源进行分类

根据节目来源，可以将广播电视节目分为以下三种类型：

第一种是广播电视特有的艺术品种，如广播剧、电视剧及各种广播小品、电视小品等。

第二种是对一些社会文艺品种进行加工使之成为具有广播电视特点的文艺节目，如电影录音剪辑、电视小说、音乐电视等。

第三种是直接取材于社会文艺，即把某些社会文艺节目直接引入广播和电视进行播出，如广播电视实况播出的歌舞、音乐、曲艺、戏剧等。

（3）根据艺术种类进行分类

按照艺术种类进行节目分类，是广播文艺通常采用的分类法。电视文艺虽然也运用这种分类法，但尚未普及。下面，我们着重对广播文艺的这种分类作一介绍和分析。

我国的广播电台，一般都按照艺术种类，把文艺性节目分为下列几类：

①音乐节目。音乐节目包括中国音乐和外国音乐。音乐节目除播出各类声乐、器乐作品，音乐知识和音乐教育专题外，还播出歌剧舞剧的音乐录音剪辑、选曲以及音乐故事等。歌剧、舞剧虽然属于戏剧形式的艺术品，但因为听众通过广播欣赏到的主要是它们的音乐，所以归入音乐节目。依据音乐艺术的不同形态、不同的节目样式和不同编辑组织方式，音乐节目包括"音乐会""演唱会""MTV音乐电视"三种主要节目类型，"演唱会"节目拥有相当广泛而稳定的观众群。高鑫教授的《电视艺术学》一书中讲到，根据节目内容差异把音乐节目再细分为：综合性音乐节目、电视声乐类节目、电视器乐类节目和专题性音乐节目[①]。趁着全球音乐电视的兴起之势，音乐类节目也逐渐繁盛。我国广播电视音乐节目在改革开放大潮中促进了音像出版行业的迅速发展，同时对推动音乐艺术市场的繁荣发挥着相当大的作用。广播电视音乐节目是一种能够满足广播电视观众需求的节目类型。

②戏曲节目。中国戏曲是包含文学、音乐、舞蹈、美术、武术、杂技以及人物扮演等各种因素的综合性艺术，是中国特有的戏剧形式。我国广播电台的戏曲节目播送京剧、昆曲以及各地方剧种的传统戏、新编历史剧和现代戏，介绍戏曲知识，评介剧目、音乐唱腔和演员。1981年以来，我国的广播工作者在戏曲艺术的基础上，借鉴广播剧的经验，创造了戏曲广播剧，进一步丰富了广播戏曲节目的内容。

③曲艺节目。曲艺是各种说唱艺术的总称。曲艺虽然也有做工，但其主要艺术手段是说和唱，很适合广播。曲艺节目又可分为以下几种。第一，评书类：评书特点是只说不唱，由一个演员讲故事。第二，相声类：相声是从中国民间说笑话发展成的，具有轻松、活泼、滑稽、风趣的特点，又能通过幽默、诙谐的语言和表演，增长群众的知识，满足群众文化娱乐的要求。第三，快板类：快板包括快板书、对口快板（数来宝）、山东快书、天津快板、竹板书等曲种。第四，鼓曲类：鼓曲音乐性较强，以演唱曲词为主。曲艺中三分之二的曲种都属这一类。第五，说唱书类：大书就是中、长篇书。表演时连说带唱，说说唱唱。

---

①高鑫.电视艺术学[M].北京：北京师范大学出版社，1998.

④文学节目。包括各种文学作品的朗读、播讲和评介。

⑤电影和话剧。通常以录音剪辑形式播出。对于话剧，有时也进行剧场演出实况直播。

⑥广播剧。需要说明的是，有相当一部分电台把曲艺归入戏曲节目，把电影、话剧录音剪辑和广播剧归入文学节目，这只是文艺编辑部门内部工作分工形成的一种习惯说法，并不是严格意义上的节目分类。

2.广播电视文艺性节目的特征

广播电视文艺性节目的特征主要包括以下几方面：

（1）包容性

广播电视文艺，尤其是电视文艺，是迄今为止包容性最强的一门艺术。小小荧屏，既可以展现文学、戏剧、音乐、美术、舞蹈等一切艺术种类，又可以古今中外、天上地下，无所不有，无所不包。

（2）渗透力与群众性

随着广播电视的日益普及，广播电视文艺性节目在不断发展完善的同时，进入了亿万人的家庭生活，成为群众业余文化生活形式中最为方便的一种。虽然这个特征也是广播电视其他节目所共有的，但由于亿万群众业余生活与娱乐消遣关系密切，广播电视文艺性节目的社会影响力远比其他节目更为深远。

（3）连续性

广播电视文艺性节目能够满足群众足不出户便可连续、定期地欣赏文艺节目的需求。我国曾经有过连台本戏和连续讲说长篇评书等文艺形式，但随着社会的发展已不复存在，广播电视文艺性节目则又提供了这种可能。连续性已成为广播电视文艺性节目的显著特点与优势。

（五）剧情类节目

剧情类节目在广播节目的发展史中曾占据重要地位。电视诞生后，广播剧受到电视剧的严重冲击，该节目形态已基本消失。因此下面主要探讨电视剧节目。

在电视节目系统中，电视剧作为一门独立的、有巨大影响力的艺术样式，是一种在电视屏幕上进行演剧的艺术。它以图像和声音为基本载体，以剧中角色的动作和语言为基本表演手段，通过矛盾冲突展开戏剧情节，塑造生动人物形象，以此来感染打动观众[①]。

电视剧的重要性，首先表现在它是观众所喜闻乐见的节目类型。调查显示，电视剧

---

①吴玉玲.广播电视概论[M].北京：中国传媒大学出版社，2007.

是中国观众收看时间最长的节目。其次，对任何电视台来说，电视剧又是必须予以高度重视的维系市场地位的重要节目类型，甚至可以说是"收视保险杠"。最后，在电视节目系统中，电视剧可谓占据了电视节目的半壁江山。各电视台大多设有专门的电视剧频道，24小时不间断播出电视剧节目，在综合频道和其他专业频道，电视剧节目也是主要的节目类型，并被安排在黄金时间播出，在春节和十一长假期间，一些电视台更是将电视剧连续四集播出，分别在上午、下午和晚间播出，成为电视节目系统中播出量最大的节目类型。作为电视台提高收视率、盈利创收的主力，我国电视剧的生产产量也呈逐年上升的趋势。

（六）谈话类节目

谈话类节目的发展得益于社会的整体发展，众所周知，当一个社会物质日趋丰富时，人与人之间交流与沟通的欲望也越来越强烈，在这种背景下，谈话类节目以它的人情味和平易近人为观众提供了一个表达、交流和互动的平台。许多优秀的谈话类节目既增进了观众之间、名人与观众之间的相互了解与认识，也满足了观众情感宣泄的需要。谈话类节目也因此在当前取得了较好的收视率。例如，较为成功的谈话节目有凤凰卫视的《鲁豫有约》，该节目同样以主持人的名字命名，依赖于主持人的语言表达能力，注重主持人个人魅力，充满了个性化特点。鲁豫以清新、聪慧的形象，真诚、率真的个性吸引着谈话者和观众。同时，她在节目中采取以倾听为主、适当提问为辅的策略，并穿插一些背景材料以拓宽谈话的内容，推动谈话深入进行，让整个节目呈现出一种平和、亲切、轻松的氛围。在选题方面，改版前的《鲁豫有约》曾邀请一些在历史中有争议的人物来做嘉宾。这样的人物选择使得节目带有较强的探秘性质，对观众来说，嘉宾本身就非常具有吸引力。《鲁豫有约》改版后，开始把一些明星、热门人物请到演播室，这种转变使它和时代结合更紧密、和社会联系更密切，但从另外一个角度看，嘉宾的神秘性和谈话内容的故事性也相对减弱了[①]。

（七）体育类节目

电视的服务对象是观众，体育赛事直播节目的最终服务对象是体育迷。而体育迷收看体育节目的直接目的就是感受一种不断超越、拼搏、顽强的体育精神，电视荧屏前的观众和赛场上的体育运动员一起经历成功与失败，一起欢笑，一起流泪。在这样一个欣赏、感受体育赛事的过程中，体育迷得到了愉悦感和情感的宣泄，周围的人也会被这样的情绪感染。这样的收看情况在短期内会形成一个收视高峰，由此，体育赛事转变成一个与媒体密切相关的事件。电视媒体和体育赛事的关系如此密切，以至于在某种程度上电视已经成为

---

①吴玉玲.广播电视概论[M].北京：中国传媒大学出版社，2007.

体育运动生存与发展的必要载体。体育赛事的观众数量因为电视转播的关系，以几何倍数急剧扩大，其中通过电视观看赛事的观众数量远远多于在比赛现场的观众。同时也因为电视，体育作为一个产业得到了快速发展，体育经济变得炙手可热。

随着近年来观众对体育节目需求量的加大，中央电视台和各省级电视台纷纷推出了自己的体育频道，中央电视台第五套体育频道以其强大的实力成为国内体育频道中的领军者。

目前国内的体育节目大概可以分为体育新闻、体育赛事转播和体育评论三种。

体育新闻强调大容量，重视时效性，将国内外赛事的最新消息及时、快捷播报给观众。比如说中央电视台体育频道就在多个时间段向观众传达体育信息，如12点的《体坛快讯》、傍晚6点的《体育新闻》等。

体育赛事转播是体育节目中最吸引人的。它具有极强的现场感，并常常采用慢镜头、回放、固定画面和其他特技手段，使得画面的冲击力得到增强。除此之外，各个电视台体育频道还大量引进国外优秀的体育比赛节目，尤其是各类职业化比赛，如世界杯、意甲、西甲、英超、美职篮等，为广大体育迷呈上了一场又一场盛宴。

当今的中国电视观众已经成长为一个比较成熟的群体，球迷当中藏龙卧虎，他们不再满足于简单的赛事解说，电视媒体除了要把体育赛事原汁原味地呈现给观众以外，还要具备有个性、有见地、有深度的体育分析和评论。体育评论节目通过提供各种观点和角度，抛砖引玉，与观众朋友一起思考，并希望以此让观众对体育事件和体坛人物有更加全面清晰的了解。

第二节　广播电视节目的编排策略

节目的编排是一个系统工程。根据系统论的观点，采用的编排手法得当的话，各个节目所产生的整体编排效果将大于单个节目的播出效果简单相加的总和。广播电视节目的编排工作要遵循受众普遍的逻辑思维习惯，要简洁明快，一目了然。它涉及节目的选择，每一个环节的衔接都有一定的讲究，各个节目之间既各自独立又隐含连贯性。具体来说，广播电视节目的编排策略主要包括以下几方面。

一、"吊床式"编排策略

"吊床式"编排策略是指在两个好的节目之间安排一个相对弱的节目或者新推出的节目，以此来带动后者，提高其收视率。这种策略利用了受众的视听惯性。受众在欣赏完一个好的节目以后，会对接下来播出的节目产生收视/收听期待，这时候播出一档不强的节目，可以带动提高它的收视率。比如说，中央电视台一套晚上9点40分播出的《纪实十分》节目，它相对于中央电视台其他强档节目来说，创办初期没有任何特色，但是对该节目的编排却很成功，安排在《焦点访谈》、主旋律电视剧之后，《晚间新闻》和《新闻调查》之前。这样，在这些节目的带动下，《纪实十分》的收视率也有了一定程度的上升。

二、"推波助澜式"编排策略

"推波助澜式"编排策略是指电台或电视台在某个时段播出一个强势的节目以后，在接下来的时段里，继续播出一个或几个好的节目，后者可能和前者是同一话题，但是前者的进一步深化，也可能转换话题和节目类型，但同样是精品节目。实力雄厚的媒体经常采用这种编排做法，它能给受众淋漓尽致之感，持久地抓住受众，保持节目的高收视收听率。例如，中央电视台一套在傍晚6点13分播出《东方时空》，7点整播出《新闻联播》，紧接着在7点38分播出《焦点访谈》，将近两个小时里，观众可以享用到一道又一道新闻大餐[①]。

三、"顺应民心式"编排策略

这种编排策略是指根据受众常规的视听习惯来安排节目时间表，比如说，早中晚的新闻节目、傍晚的动画片、周末晚的大型综艺娱乐节目、假期里连续剧的多集连播等。在早上10点，大多数学龄儿童正在学校里上课的时候，如果电视台安排播出精品动画片，我们可以想象它的收视率必然偏低。

在这个编排策略里，编排者必须对"黄金时间"有清醒的认知和把握。黄金时间里，观众大都结束了一天的工作和学习，可以从容地坐下来收看电视。因此，电视媒体无一例外都非常重视黄金时间的节目编排，纷纷推出强档节目，争取充分有效地利用好这个时间段，取得最好的播出及收听/收视效果。

四、"帐篷式"编排策略

这种编排策略指广播电视媒体在每天的黄金时间里播出高视听率的重量级节目，并形成一种"帐篷"效应，惠及整个频道其他相对弱的节目。实施这种策略有一个假定：受众有视听惯性，即受众一旦喜欢一个频道里的某个栏目，那么他就可能对整个频道都形成一种认同感，继而"习惯性"地收看/收听该频道的其他节目。比如说，很多人喜欢湖南卫视可能是从《快乐大本营》这个节目开始的，因为这个节目，人们知道原来节目是可以做得这么娱乐，慢慢地，湖南卫视就在他们的头脑里形成了一种印象，即想轻松和娱乐的

---

①欧阳宏生，谭筱玲.广播电视学教程[M].成都：四川大学出版社，2018.

话，就看湖南卫视。这样，湖南卫视的其他娱乐节目，像《娱乐无极限》《音乐不断》等节目的收视率也就随之提高了[①]。

五、"头对头式"编排策略

"头对头式"编排策略是指在同一时段其他频道已经安排了强势的节目，并且取得了很高的收视/收听率的情况下，所在频道迎难而上，与其他频道展开正面的竞争。这种做法风险性很大，有可能两败俱伤。当然其中也有成功的例子。比如中央电视台的《梦想中国》其初衷就是想模仿美国的《美国偶像》，给普通老百姓提供展示才艺的舞台，实现他们成为明星的梦想。由于节目类型的新颖和主持人李咏的独特魅力，再加上央视的大力支持，节目推出以后大受欢迎。之后，湖南卫视全力打造的《超级女声》，收视率节节攀高，风头很快就超过了《梦想中国》。

第三节　广播电视节目的生产

在广播电视传播中，节目特指在一个时间段里的播出内容，即在广播电视媒体上呈现出来的、经过编排制作、可以感知理解的视听产品。节目构成广播电视传播的主体内容，广播电视机构正是通过节目实现信息传播以及教育、娱乐、服务等功能，服务于受众和社会。从生产角度而言，广播电视节目主要是指利用电子科技手段，综合视听表现手法制作出来供人欣赏、传播信息的电子符号系统。本节即对广播电视节目的生产流程进行简要阐述。

一、广播电视节目的策划

（一）广播电视节目策划概述

策划是以调查和反馈为基础，根据受众的需求和播出机构的编辑方针，确定节目的经营策略，制订节目采编制作的最佳方案并付诸实施的过程。节目策划是对节目进行的具有前瞻性、科学性的专门谋划。

策划工作的质量，是决定和影响广播电视节目发展的一大重要因素。如今广播电视节目也面临着激烈的市场竞争，越来越多的新媒体也在不断涌现，对广播电视节目的发展带来了一定的冲击，实际上这种激烈的竞争也可以称为策略的竞争。广播电视节目是一种有价值的社会传媒，能够在一定程度上满足观众的视听需求，但是随着观众需求的多样化发

---

①欧阳宏生，谭筱玲.广播电视学教程[M].成都：四川大学出版社，2018.

展，广播电视节目也面临着一定的挑战。要想更好地应对挑战，就应该从策划工作入手，积极加强策划的创新，不断提升策划的质量，从而更好地推动广播电视节目的发展。

广播电视节目的策划简单来说就是对广播电视的播放内容进行合理的分析、编排，并借助一定的手段和策略，来吸引观众的眼球，从而不断提升广播电视节目的质量，提升收视率，以便取得更好的传播效果。但是随着新媒体的影响和冲击，传统的广播电视节目的策划方法已经无法满足时代的发展需求，只有积极加强策划的创新，才能不断提升策划的质量和效率，才能更好地推动我国广播电视节目的发展。

（二）广播电视节目策划的原则

广播电视节目策划应遵循一定的原则。

1.目标性原则

广播电视节目的策划必须有一个明确的目标，这是策划的出发点和归宿。目标的确定要注意上情和下情两方面的统一，切不可迎合某种权势或只关照个别人的需求，而应顺应时代潮流，以大众的利益为第一需要。目标要实事求是，切合实际，要有一定的现实性和可预见性。

2.效益性原则

在进行广播电视节目策划时，必须注重现实性和可行性，要讲求效果和效益。讲求实效，要做到以下两方面：

（1）注重社会效益

社会效益是指所策划的节目对人们能起到启迪思想和教育熏陶的作用。

（2）要考虑经济效益

经济效益是指所策划的节目，能够获得经济上的回报，从而创造经济财富。

3.最优化原则

策划本身就是为了追求最好最优。广播电视节目策划要体现竞争意识，面对不同媒体间以及媒体内部的竞争，在节目创意、方案选择、具体操作、传播效果等环节上都应充分考虑适者生存、不进则退的严峻性，要在危机意识中发挥潜能，在竞争环境下设计节目，才能最终实现节目的优化。

4.创新性原则

创新是广播电视节目策划的内核。新理念、新思维、新方法、新形式应该贯穿于策划的各个环节。它包括以下几方面：

第一，要在节目形式、运作模式上下功夫，把当今社会科学和自然科学的最新成果运用到策划中来；

第二，要在原有节目的基础上，更上新台阶，辩证地扬弃，做到有所突破、有所建树；

第三，要使节目给受众的视听感官和观念带来强烈的冲击，使人耳目一新。

（三）广播电视节目方案策划的要点

从社会发展角度来看，广播电视除了用于传递社会信息外，对整个历史文明发展都有积极作用。群众通过广播电视可获取与个人实际需求相关的信息资源，政府或企业借助广播电视平台可实现宣传散播信息的目标，两个不同主体之间形成了密切的关系。近年来广播电视节目形式日趋多样化，广播台、电视台在策划节目方案时要注意以下几个要点，以免节目播出后招致观众的批评。

1.真实性

尊重事件过程的真实性，这是广播电视节目策划最基本的原则。这是由于广播电视节目是面向全国乃至全世界的一档宣传节目，一旦播出后必将受到群众的关注。如果节目所涉及的信息内容存在虚假成分，势必引起观众的强烈不满，影响广播电视台的信誉形象。如：眼下最流行的一些相亲、选秀等节目，参赛选手或嘉宾个人信息作假，给受众群体造成了不小的伤害。

2.民主性

策划一档广播电视节目，需坚持从民众生活中获得信息，从企业经营中搜寻信息，从政府部门中挖掘信息，这是民主性原则的重点要求。鉴于广播电视是面向全社会的开放性节目，为了保证其宣传、教育、监督等功能的正常发挥，必须要尊重广大受众的意愿，策划出符合民生情况的传媒节目，才能真正地发挥出广播电视应有的价值。失去民众的支持，广播电视节目也就失去了意义。

3.经济性

商业价值也是广播台及电视台策划节目时需要考虑的要点，只有确保传媒企业的正当收益，才能让节目更好地进行下去。经济性原则要求策划人员在尊重信息事实的前提下，适当地添加商业成分以创造理想的经济收益。如：大部分广播电视节目都植入了不同品牌的广告，既为传媒企业创造了稳定的经济收益，也为企业搭建了产品营销宣传的平台，实现了双向盈利的目的。

4.客观性

尽管信息科技背景下，互联网络成为一种先进的信息传输平台，可以随时随地将信息传递给受众，实现了传播媒介的优化改进。广播电视节目策划的客观性，重点强调了节目内容的理性编排，从客观角度去传播各类信息。如：时评类的节目，在评论某一社会事件方面，要站在客观的角度去深入分析事件的成因、影响、处理等，正确地引导社会群众价值观念的取向。

总之，广播电视节目对社会发展有着重要的意义，其不再仅限于单纯性的信息传递功能，而是关系着政治、经济、文化等事业的共同发展。广播台与电视台在策划节目方案时应重点控制真实性、民主性、经济性、客观性等要求。

二、广播电视节目的采编制作

（一）广播节目的采编工作

广播节目最突出的表现形式就是声音，要先声夺人，以声传情，这也是广播媒体最明显的特征。在声音采制中，音响、人物谈话、记者口述是三个非常关键的要素，直接影响着节目效果。因此，要把握好采制原则和采制方法。

1.广播节目的采制原则

（1）采访的一次性原则

广播节目除了文字采访，更重要的是音响采访。文字采访可以反复多次，但是音响采访却大不相同，除了非现场新闻现场实况音响，其他实况音响一旦消失便不可复得，因此，音响采录要一次性完成。

（2）录音的真实性原则

录音报道能够增强报道的可信性和感染力，如果音响不真实，报道就失去了存在的价值。音响的真实性要求做到以下几点：

第一，报道中所运用的录音，必须是从与本报道有关的事物或人物那里自然录下来的；

第二，报道中每一段录音的运用，都符合事物发展的本来面目；

第三，报道中所运用的录音必须符合生活的情理。

（3）少而精原则

少而精地运用音响，是为了使音响在报道中更好地发挥独特作用。遵循这一原则必须做到有识别音响的听力，有熟练的录音技术。

（4）通俗化原则

广播的语言必须通俗化，要让那些文化水平不高的听众能够理解和接受。具体来说应做到以下几方面：

第一，尽量使用常用词汇，如果不得不使用一般听众不熟悉的词，就必须加以解释；

第二，要符合口语习惯，避免使用书面语言；

第三，要平易近人，不要华而不实，不要居高临下、咄咄逼人。

（5）简明性原则

在广播节目报道中，运用最多的往往是人物访谈，即主要由采访对象回答记者的提问组成。能否搞好人物访谈录音，事关节目质量，事关报道成功与否。要搞好人物访谈录音，要做到以下几点：

第一，要创造一个友好、和谐、融洽的交谈气氛；

第二，要消除录音机给对方造成的畏惧心理；

第三，记者的提问一定要简要、具体、明确，要提对方所熟悉的问题，要用对方明白易懂的语言提问。

2.广播节目的采制方法

（1）录音的基本方法

录音的基本方法主要包括单点录音法、主辅路录音法和多路录音法三种。

①单点录音法

单点录音法就是用一个话筒在一个点上拾音的录音法。这种方法一般用于声源比较完善的录音场合。

②主辅路录音法

主辅路录音法就是用多个话筒在同一现场同时录音，其中一个为主话筒，其余的为辅助话筒。主话筒担任主录任务，负责录制主要的音响；辅助话筒则用于弥补声源个别部分电频的不平衡，或是同时采录环绕音响。

③多路录音法

多路录音法就是用多个话筒在现场多点录音，可以采录到较大现场各处的声音，多路录音能将在各个方向上发言人的声音很清晰、平衡地录下来。

（2）人物谈话的采录

在广播节目中，除了考虑节目的线索外，还要考虑如何在现场环境中获得典型且清晰的音响。

第一，要消除对方的紧张心理，创造一个友好融洽的交谈气氛。

第二，要选择合适的录音地点。一般情况下，采访谈话需要找一个不受干扰、较为安静的环境，免得周围的人和杂声影响对方的情绪和录音效果。

第三，掌握适当的录音时机。记者要具备快速反应的能力，在采访过程中把好的东西抢录下来。

第四，尽量摆脱讲话稿的束缚。应该尽量甩开稿子，边谈边录，即兴发挥，恰到好处。

（3）实况音响的采录

实况音响的类型较多，运用的方式和范围也不同，要想做出高质量的音响报道，一定要深入生活，亲临现场，下功夫去采录典型的音响。在采录音响时，要注意以下几个问题。

第一，要对声音有独到的判断力。具有迅速鉴别、判断各种音响的能力，不仅要用眼睛观察，还要用耳朵聆听，注意声音独特的表现力和细微的变化，能抓住形象丰满、表现力突出的声音，具有对听觉形象的独到判断力。

第二，要善于捕捉典型独特的音响。要勇于实践，勇于探索，不能满足于眼前的、表面的、人们听惯了的音响。要具备艰苦细致的工作作风，眼观六路，耳听八方，从大量声音中听出有新意的音响来。

第三，在采录音响时要有音响的美学观。不能把采录音响看成一个简单的技术工作，它与记者的审美情趣和价值取向关系密切。流动的音响不仅可以表现时空，而且可以蕴含丰富的寓意，令人回味无穷。所以，在采录音响的过程中，要具有专业意识和审美思维，将音响世界和审美特性紧密结合，带给听众美的享受。

（二）电视节目的采编制作

1.电视采访

电视采访可以获取基本的创作素材，激发创作灵感。电视转播、同步报道更要配备一套系统的采集传送设备。作为电视从业人员，必须掌握现代化的电子采集技术手段，并熟知与之配套的各个技术环节。电视采访应能捕捉"感觉"并在现场环境氛围中引出主体信息，且使观众可以从画面中获得更多的从属信息。电视采访过程中尽量呈现自然的状态，设法营造一种和谐的氛围，提问简洁、通俗、易于理解，在与采访对象的交流中获取信息。同时要注意采访的态度、举止乃至服饰。进入电视传播领域的记者已经充当媒体形象角色，观众通过记者的表现了解其主张、能力甚至思想，并以此来判断一家电视媒体的水准[①]。

---

①张振华，张君昌，欧阳宏生.中国广播电视学[M].北京：中国国际广播出版社，2018.

2.电视写作

电视写作广义上就是对整个节目的构思和流程的设计，既包括前期的节目策划，也包括节目中具体的文案。电视写作的根基从纯文字写作中来，但与之有明显的区别。主要应把握电视的表现特征，从电视语言的整体结构出发，充分考虑节目的流程、主题、风格、定位等诸多要素，同时要涉及与其他手段如音乐、灯光等的协调配合，精心设计布局。电视写作在创作过程中应充分考虑电视的表现特征。与印刷媒体和广播相比，电视与观众之间最能展开直接的交流，其声画并茂的传播特点，最能营造强烈的现场感和丰富的气氛。因此，电视写作应当把握这种交流性，多用谈话语体，避免用语生硬造作[①]。

电视写作典型表现为解说词的撰写。解说词不能只是画面的简单说明和解释，除了强化画面已有的信息之外，解说词应该根据创作需要，挖掘画面内的含义。它应该是画面因素的补充、延伸、深化与概括。解说词应当与画面组合成为具有内在逻辑的有机整体，相互呼应和配合。

3.电视摄像

电视摄像是电视节目制作的一个核心环节。前期工作的目的是将编导的构思、美工的设计和人物的表现拍成图像，记录到存储介质上。图像又是后期工作的源头，剪辑、配音、合成要以它为基础。由于图像具有时间因素，摄像师就可以利用空间在时间中的延续与变化，直接表现运动，因而电视摄像师不仅可以利用静态造型的全部技巧特别是用光技巧，而且可以利用运动造型技巧，如推、拉、摇、移、升、降等表现运动形象。受时间限制，一个画面、一个镜头在极短时间内就会从荧屏消失，因此在摄像时要求画面中心内容和主题形象必须突出和醒目，以便观众能在极短的时间内看清形象、看懂内容。

4.电视编导

电视编导的工作具有较强的政治性、政策性、思想性和业务性。编导工作常常被比作电视节目生产与传播过程中的"心脏"和"大脑"。电视导播是电视播出的引导者，这是与节目编导相联系的概念，可分为日常性播出导播和临时性现场播出导播两大类。在电视节目中，尤其是现场直播时，需要图像切换导演，这就属于导播性质。为保证节目按计划、有秩序、高质量地播出，导播是电视必不可少的环节。其任务是组织并指导日常节目播出，及时做好节目调度工作。电视现场直播，具有制作和播出同步进行的特点，导播工作更为重要。电视导播应负责编写分镜头台本，调动摄像机位置，调整景别或做特技设

---

①欧阳宏生，谭筱玲.广播电视学教程[M].成都：四川大学出版社，2018.

想，指导音响工作人员调节音响效果、播放音乐、选择图像进行实时切换等[①]。

（三）新时代下广播电视节目的采编技巧

随着互联网技术的发展与普及，自媒体行业呈现出了蓬勃发展的态势，但仍无法撼动广播电视媒体在行业中的主导地位。即便如此，广播电视媒体也需要创新优化新闻的报道方式，推动广播电视媒体实现跨越式发展。公众更愿意通过广播电视获取真实可靠的新闻信息，它有效地满足了人们对信息的需求，更极大地推动了社会的和谐发展。新时代下，相关工作人员要灵活掌握新闻采编技巧，提升采编工作的效率，从而提升节目的水准。

1.新时代下广播电视采编的特点

（1）信息传播更加多样化

新时代下信息的传播途径愈发多样化，传播速度方面也有了质的飞跃。广播电视节目信息更加突出时效性，广播电视节目在采编制作时也需要更好地适应受众的需要。因此广播电视媒体要不断进行自我转型，要利用好自身的优势做好新闻信息传播以及舆论引导工作，只有这样才能够适应信息传播网络化、高速化的特点。这就需要一线采编人员在掌握专业传播学知识的基础上，不断学习新闻采编技巧，并能够在日常工作中熟练运用自己所掌握的技巧，从而用自己的实际行动扩大广播电视媒体的受众面。

（2）信息来源更加多元化

自媒体时代，其实人人都可以成为新闻记者，这也代表广播电视节目信息的来源更加多元化。随着互联网技术的快速普及，民众利用智能手机就能够将自己身边的大事、小事、新鲜事传递出去，如果事件具有足够的价值，就能够引起网民的关注并成为"热点新闻"。它与以娱乐、消遣为目的的直播有着本质的区别，是一场全民参与、弘扬正能量的活动。总之，新时代下每个人都会成为新闻信息的来源，广播电视节目信息量与传统媒体时代相比更加庞大。所以作为广播电视媒体从业人员，我们只有尝试从不同角度对事件进行解读，才能够提升节目的制作水准。再者，广播电视媒体的传播速度要落后于自媒体，所以我们只有通过创新节目的制作才能赢得受众的认可。

2.新时代下完善广播电视采编的技巧分析

（1）深入基层，服务群众

广播电视媒体要顺应时代的发展，在报道中突出民生、着重报道一些老百姓感兴趣的话题。以民生新闻为例，民生新闻将是未来一段时期内广播电视新闻报道的重点，在报

---

①欧阳宏生，谭筱玲.广播电视学教程[M].成都：四川大学出版社，2018.

道的同时还应当为群众做好服务。依托广播电视新闻节目，构建起能够真正反映群众诉求的平台，给底层群众一个"说话"的机会。在采编时要深入基层，要与他们建立密切的联系、赢得他们的信任，只有这样才能够准确了解他们的真实诉求，进而为各项政策的出台、落实提供不可或缺的参考。

（2）明确观众定位，挖掘事件背后的价值

同一个事件，可能会有多家媒体参与报道，但最终呈现出来的效果却各不相同，其实这就与新闻采编的切入点有很大的关系。所以对于新闻采编人员来说，应该着重挖掘新闻事件背后的价值，这样才能够获得受众的认可，进而赢得社会的广泛关注。报道完事件的经过以及结果其实并不能算是报道的结束，评述性的报道其实更能够得到公众的认可。记者应该用自己的实际行动保证新闻的客观性，要尽最大的努力将事件还原至最初的状态。具体到日常的工作中，应该在采访之前就定好选题并且设计好采访提纲，有备无患。

广播电视媒体要明确自身定位，亲民、实时、客观是广播电视节目最大的优势，它是站在"第三方"的立场之上讲述，所以更能够引起共鸣。采编以及后续的报道中，熟悉的人、熟悉的事，给了观众不一样的体验。为了发挥好这一优势，广播电视媒体要坚持"采编渠道贴近人民群众"的工作原则，要紧紧围绕着基层人民群众展开新闻报道，要树立正确的传播理念，发挥好民生新闻的价值[①]。

（3）提升一线采编人员的综合素质

日常工作中，采编人员要端正自己的工作态度、戒骄戒躁，在做好基础性采编工作的基础上，努力提高自己的专业水准。要形成独具个人特色的风格，深入基层群众，了解他们的生活，牢牢抓住民众感兴趣的热点话题[②]。媒体单位也要为一线采编人员搭建起学习、交流的平台，定期组织培训、交流活动，为他们提供一个学习、自我提高的机会。

（4）丰富采访形式，完善采编方法

采访时采编人员借由自己掌握的理论知识和经验对客观事物进行分析，新闻采编非常考验采编人员的综合素质，为了确保能够得到最佳的采访效果，采编人员需要在采访之前做好充分的准备工作，在实际的采访环节中不拘泥于以往的形式，而是迎合时代发展的潮流，丰富和拓宽不同的采访形式，尝试从多个角度去挖掘新闻背后的价值。此外，拍摄手法对于广播电视节目的最终效果有着重要影响，工作人员要学会运用不同的拍摄手法，尽可能地去还原事件的真实性，给观众呈现出最好的视觉效果。工作人员在日常生活中要不断学习，从实际生活出发，不断提高自身的综合素质。还要尽可能地丰富采编方式，完善采编方法，真正确保新闻采编的质量和水平。

①屈济荣.大数据背景下新闻采编新趋势[J].中国出版，2016（12）：50-53.
②黄小伟.新媒体时代电视新闻采编策略分析[J].中国报业，2015（04）：55-56.

（5）坚持"以人为本"的工作原则

日常采编工作中，从方式的选择到内容的确定都需要从人们的生活实际出发，挖掘老百姓日常生活中的价值，以最大限度地凸显广播电视媒体行业的人性美。在选择内容时一定不能过分高唱主旋律，这会使得采编工作失去内涵，"老调重弹"的新闻报道也会使其失去原有的价值。在报道中一定不能通过揭露民众的痛苦来提高新闻报道的关注度。尤其是随着人民生活水平的不断提高，其价值观念也发生了本质的变化，因此广播电视节目采编人员就更需要注重这方面的内容。采编的重点在于将事件全面、客观地还原给观众，这是所有新闻从业者应该坚持的立场。在此基础上应该强化采编工作与不同媒体之间的整合，随着以互联网技术为代表的高新技术的快速发展，媒体之间的整合已经成为一个不可逆转的趋势。

总之，新时代下，我们需要从各个层面着手提高采编人员的工作能力、丰富其采编技巧。

（四）广播电视节目编辑制作的技巧

1.广播电视节目编辑制作的特点分析

（1）系统性

广电节目最大的特点，就是系统性。

首先，广播电视节目本身就是一个十分宽泛的概念，汇集多重因素的表现形式，它将艺术、教育、科学、事件、人物等要素融为一体。因此，进行编辑制作需要运用不同的理念思路，使编辑加工具有了系统性特点。

其次，广播电视节目编辑制作过程中，基本都是流程化的开展，主要包括广播电视节目的策划、素材选取、后期剪辑等过程，这些过程同样也体现了系统性特点。值得注意的是，正是由于广播电视节目编辑制作具有系统性特点，使艺术技巧在其中的引入具有一定难度。广播电视节目编辑制作过程中，艺术的引入需要结合实际，需要不断创新，这与编辑制作系统性的特点形成了冲突，应引起我们的重视。

（2）艺术性

广播电视节目编辑制作还有很强的艺术性，主要体现在以下几方面。其一，广播电视节目编辑制作的初衷就是制作观众喜欢的广电节目，这就需要在制作过程中注重艺术性。只有在广电节目的画面、效果等要素中融入艺术，才能充分体现广播电视节目的文化属性。其二，广播电视节目在编辑制作过程中，艺术融入要处理不同素材，结合不同理念，基于具体环境进行技巧应用，同样体现了广播电视节目编辑制作的艺术性。这就需要我们不断运用艺术技巧，提升节目的艺术性、观赏性和文化性。

2.广播电视节目编辑制作的基本要求

（1）适应人类视觉和思维的习惯

一直以来，中国广播电视节目的编辑和制作主要是基于国家生理规律。最直接的方式就是人们用双眼观看电视节目，之后再将电视内容输送至大脑，再通过大脑的皮层来反馈接收到的信息，因此，人们视觉方面的要求并未对观看到的电视节目形成切实的思维评判。在此基础上，即使你制作的电视节目再精彩，也很难得到人们的认可，而且很少有人会支持和关注。

（2）合理结合信噪比

在广播电视节目中，存在一个重要的指标，即信噪比。随着技术手段的不断升级，也需要对信噪比进行更新升级。在以前的配音处理中，由于技术条件和设备条件等存在一定的不足，因此配音只能采取最基础的技术手段，这样就会导致配音素材严重缺失的现象出现，这样就会导致一些配音素材在大量节目中被重复使用，会对广播电视节目的质量产生严重的影响。近年来，科学技术不断发展和创新，促使数字化技术和传输技术不断更新和升级，并且逐渐应用到各行各业，广播电视行业也不例外。

在广播电视节目中引入数字化技术和传输技术以后，使得广播电视节目在画面配音和音频处理方面实现质的飞跃，从原来的拼接困难到现在的任意剪切和穿插，使得素材得到更加巧妙的应用。除此之外，由于技术手段的全面提升，使得信号接收技术也得到全面的升级，从而为电视节目音频的特效性全面提高提供保障。

3.加强广播电视节目编辑制作艺术技巧应用的对策分析

（1）整理把控节目制作，合理控制素材量

由于广播电视节目编辑制作过程中，素材量较大，直接影响了节目编辑制作质量以及艺术技巧的应用，因此，从整体层面把控电视节目，合理控制素材量十分必要。

首先，为满足广播电视节目画面素材的需求，应对于整个广播电视节目进行规范安排，结合实际进行素材采集。其一，对于广播电视的整体效果进行分析，尽量量化素材需求，以有效指导实际电视节目的制作。其二，在素材选取的过程中，应顺应广大观众的需求，重视素材的艺术效果，控制节目制作的整体格调，这样能够很大程度上提升素材利用率。其三，在素材采集过程中，就需要分析艺术技巧的应用。例如，对于节目效果进行分析，初步确定应用何种类型艺术技巧，就在于素材采集的过程中开展有针对性的拍摄，不仅能够提升素材与艺术技巧的匹配程度，对于广播电视节目的编辑制作质量提升也十分关键。

其次，在合理控制塑材量的同时，还应重视艺术技巧与素材的融合。例如，对于电视画面的剪辑，何种类型的艺术处理效果，更适合何种素材类型，应构建相应的资源库，在编辑制作的过程中进行初步选择，对于提升广播电视节目制作的效果质量是有利的。总的来说，要考虑广播电视节目编辑制作整体性的特点，控制素材量，在素材采集过程中，适应性地考虑艺术技巧的应用，对于广播电视节目编辑制作的发展是极为有利的。

（2）促进艺术技巧的创新应用

在广播电视节目制作编辑过程中，促进艺术技巧的创新应用，简单而言就是不断对节目编辑制作方法、艺术风格应用进行创新，使艺术技巧应用能够应用于不同的节目环境。首先，对于艺术技巧的创新应用，主要体现在对不同素材的编辑处理，在参考之前处理效果的基础上，结合实际对素材进行创新性艺术处理。其次，编辑制作过程中，也要对于节目剪辑风格、剪辑节奏进行创新。例如，在剪辑的过程中，引入新的思考方式，优化艺术技巧，就能够使不同节目产生不同的风格。此外，在艺术技巧应用的过程中，在遵循基本准则的基础上，也要进行相应创新。例如，在遵循画面基本组接逻辑、动接规律的同时，进行相应的创新优化，也是很有必要的。

（3）强化人员专业素养

提升广播电视节目制作的艺术性，促进艺术技巧的应用，对于编辑制作人员的专业素养进行强化也十分必要。首先，根据编辑制作人员的实际水平，做好相应技术培训。例如，在实际工作中，培训编辑制作人员运用剪辑技巧，确定最佳画面，了解艺术手法，对于特写、转换等画面进行重点处理。其次，在广播电视节目编辑制作中应用艺术技巧，对于编辑制作工作人员的创新意识，有着较高的要求，因此，促进编辑制作人员学习意识的提升，不断对传统方法模式进行创新，在当前的广播电视节目发展背景下，作用也十分明显。

三、广播电视节目的合成

广播电视节目生产过程中的最后一个环节就是合成。节目最终是以完整的可感知和接受的具体的形态呈现给受众的。合成的任务就是将广播电视节目采编制作环节的各种要素，按照一定的规律，有机地结合为一个整体，最终体现策划目的、编导意图以及节目主题表达。通过合成才能完成整个节目的制作。复制合成顺利与否，直接决定着节目的质量。电视节目的合成方式基本上可以分成编辑合成和演播室一次合成两类。

合成是广播电视节目制作过程中的最后工序，可以一次或逐次完成。可以先进行画面剪辑，再配音、配乐，但必须注意转录时信号的衰减。合成的具体工作主要有：检查素材，防止疏漏；整理修订文字稿本，确定文字内容；剪辑画面和声音，组合成整体；给语言内容配上字幕，以提高质量。文艺性节目如电视剧的后期制作，其合成也可称为剪辑。

（一）合成

合成就是将各种素材，包括演播室收录的素材，均作为信号源，通过剪辑合成，再加上相应的电视音响、电视音乐即配音、配乐等制成成品。

（二）演播室一次合成

演播室一次合成则是将各种素材、资料、图表、卡片、字符、模型、道具等，加上演员的表演、解说员的旁白、音乐等信号，一次性地在演播室收录合成、制成节目带。

（三）广播电视节目合成的特点

1.时间性强

合成制作需要足够的时间，但有时为了新闻的时效性，也要积极予以配合。

2.技术性强

运用先进的录音录像技术和设备，有利于提升节目的整体效果。在电视节目合成时，若要把两个画面或段落组接起来，有两种方法：一是直接切换，即直接组接；二是运用特技技巧组接。在先进的电子特技机上，可以编出几百种组接方式。常见的有"淡出淡入""叠化""翻页""划像""圈出圈入""定格"等方式。

3.协调性强

合成是一种现代的集体创作活动，需要良好的合作态度和高效的工作秩序。采录和合成都需要各个制作环节的协调配合。小型节目的制作环节比较单一，大型节目的制作环节比较复杂，都需要编辑和编导的协调配合。

4.综合性强

综合是合成时必须把握的一个特性，在电视节目中是声音和画面的综合。还表现在某一节目因素中，画面剪辑时一个镜头与另一个镜头的组接。

（四）广播电视节目合成的规律

合成应当遵循一定的逻辑规律。按照规律组接镜头，有利于提升观众心理和视觉上的整体感受。合成时无论是运用抽象思维，还是形象思维，都要寻求相似、队列的关系。

1.主次律

广播电视的声音和图像要素，在一个节目中的一定时空范围内，只有一类要素是主要的，其余要素为次要的，这便是主次律。如在声音之间，以音量大小体现主次。在现场音响和解说之间、在解说与配乐之间最容易不分主次，必须严格执行主次律。

在声音与图像之间：以图像为主时，声音的作用在于揭示图像的内涵，帮助图像更好地表现主题思想。不能脱离图像，干扰观众对图像的领悟，甚至可以让声音完全退出；以声音为主时，图像的作用是对声音表现的内容作相应的形象展示，帮助观众理解声音所表现的主题，不能以意境之外的图像分散观众的注意力。

2.互易律

指图像、语言、音乐、音响四个要素的地位互相更替。四种要素的表现力各有所长，也各有所短，采用有起有伏、有紧有松、交叉变化的韵律，能最大限度地发挥各类要素的特长，增强节目的整体效果。

3.分立对位律

分立是两者分开、各自独立，并按照自己的规律去发展。对位是两者独立进行时，要互相配合，按照内在规律有机地结合在一起，产生一种特殊的表现力。分立对位律所产生的和谐的整体效应，是一种较高层次的合成技巧，能达到一种隐喻、象征意义的效果。需要严格设计，合成时把握好对位关系，防止出现错位和误解。

4.听觉的相对完整律

人的听觉对声音有完整性的要求，否则会出现残缺不全的感受。这种心理要求，可称为听觉的相对完整性规律。在合成广播电视节目时，不要突然切断音乐或语言，需要转换或结束时，应选在句点处，或采用淡出（即渐隐）的方法。如果节目内容有特殊要求时，应采用突然中断法。

5.淡出淡入律

为适应人们的听觉和视觉要求，必须采用逐步过渡的方法，使受众得到自然、流畅的感受，这就是淡出淡入律。在声音因素中，一是在主体声退去后，非主体声出现。二是采用渐显的方法：第二主体声即非主体声逐渐加大（第二主体声淡入），与第一主体声叠加在一起，待第一主体声退出后才达到正常音量成为新的主体声（第一主体声淡出）。这种方法主要用于不同环境、不同特点的现场处理中，形成合理的过渡。在图像因素中，两个画面的切换，或是产生光和色的变化时，淡出淡入是一种柔化的、优美的、富有抒情味道的方法，图像画面剪辑依据节目内容的需要也可以采用切、划的方式。

四、广播电视节目设置

广播电视节目设置既关系到节目系统内部的安排，又关系到覆盖区域中与其他节目系统的横向竞争，还关系到与其他媒体的竞争问题。节目设置必须考虑到整体构成、时间布局及设置原则等问题，可以将其视为栏目的总体合成工作。

（一）整体构成

整体构成指在节目系统中各类节目所占的比例。广播电视节目管理要综合平衡，统筹兼顾。比如，广告类节目不应过多过滥，要审慎处理电视剧中插播广告的长度和次数。

（二）时间布局

时间布局是节目的时间安排，包括节目的具体时长、安排在什么时间段播出等内容。黄金时段必须安排重要和重点节目，少儿观看节目的最佳时段是下午五点半到七点，因此应把少儿喜爱的动画片安排在此时段。

（三）设置原则

要按听众和观众的需要设置节目。以是否符合公众的共同兴趣，满足受众需求为价值尺度。在依据受众需求设置节目时，还必须考虑各阶层受众的特殊需要。

随着人们生活水平的提高，对广播电视节目的质量提出了更高要求。一档优质的广播电视节目，最重要的环节便是后期合成。从实质上来说，合成就是一个再创造的过程，节目整体的构架与思想是广播电视节目合成的基础，对不同镜头进行修饰和组合，可以提高节目的紧凑感和生动性。对广播电视节目合成特点和方法进行了详细研究与探讨，以期提高广播电视节目质量。

■ 第三章

新媒体概述

第一节　新媒体的内涵

一、新媒体概述

（一）新媒体的概念

什么是新媒体（new media）呢？学界众说纷纭，尚无定论。新传媒产业联盟秘书长王斌认为："新媒体是以数字信息技术为基础，以互动传播为特点，具有创新形态的媒体。"美国《连线》杂志将新媒体定义为："所有人对所有人的传播。"联合国教科文组织对新媒体下的定义是："以数字技术为基础，以网络为载体进行信息传播的媒介。"在观察对象上，新媒体往往包含数字电视、移动电视、手机媒体、IPTV，甚至也包括微信（WeChat）、博客（blog）、播客（podcasting）等。随着以互联网、信息技术为基础的科学技术的高速发展，新媒体受到人们的普遍关注和大量应用，也是公众议论、学者研究、产业发展的热门话题。一些传播类期刊亦专门设置有"新媒体"专栏，专门刊发关于新媒体的前沿研究成果。因此，在传播媒体的意义上，我们将之称为"新媒体时代"。

新媒体是一个与旧媒体（old media）相对的概念。旧媒体通常是指广播电视、纸质报刊等传统媒体，而新媒体是指在传统媒体之后发展起来的网络媒体、移动端媒体、数字电视、数字报刊等新媒体形态。在更为宽泛的意义上，新媒体可以说是数字化新媒体，即"利用数字技术、网络技术，通过互联网、宽带局域网、无线通信网、卫星等渠道，以及电脑、手机、数字电视机等终端，向用户提供信息和娱乐服务的传播形态"。与传统媒体相比，新媒体能够向社会大众提供个性化的媒体内容，在传播者和接受者之间，新媒体创设了二者融会平等交流以及交流者间个性化的广泛互动。比较而言，新媒体的特征具有交互性、及时性、海量性、共享性、多媒体、超文本、个性化、社群化等多种特征。总体而言，新媒体，一方面是指一种涵盖各种数字化媒体形式的媒体形态，例如，传统媒体、网络媒体、移动端媒体、数字电视、数字报刊等；另一方面是指一种"万物皆媒"的环境。

伴随着人们工作、生活节奏不断加快，人们的休闲时间越来越碎片化，而新媒体的兴起恰恰适应了人们利用碎片化时间来休闲娱乐的现实需求，更重要的是，新媒体也是为迎合人们的这些需求而出现的。公众普遍认为，当前我们已经进入web2.0时代，新媒体在传播内容上的开放性、分享性正在成为未来媒体发展的主流方向，新媒体恰恰顺应了这一主流方向。基于新技术的各类应用所具有的开放性，不仅为人们使用新媒体提供便利，更在政治意义上，促进了媒体行业的开放，并成为新媒体生长的常态。

新媒体时代的来临，同时还配合着三网融合发展的特定时代背景。可以说，在向宽带通信网、数字电视网、下一代互联网演进过程中，电信网、广播电视网、互联网等三大网络通过技术改造，技术功能趋于一致、业务范围趋于相同、网络互连互通、资源共享共用，为社会公众提供语音视频、数据信息和广播电视等多种服务。在三网融合和居民消费能力提升的背景下，以传播媒体为代表的广播电视行业、以新媒体为代表的网络视听（IPTV、互联网电视等）行业发展迅速，并日益相互渗透、相互融合。据统计，我国广播电视行业总收入、网络视听行业广告和付费视频收入、在线视频广告收入、网络视频付费市场收入、IPTV用户总数、具有互联网功能的智能电视数量显示出强势增长势头，行业间的渗透率不断提升。

（二）新媒体的特点

尽管人们对新媒体的说法不一，但亦可概括出以下几个共同点：

（1）新媒体所谓的"新"，是相对于传统媒体（旧媒体）而言的，并非说新出现的媒体就是新媒体。

（2）新媒体是基于数字技术的支持而出现的媒体，是利用数字技术的发送和接收设备终端，向社会公众提供信息。

（3）在传播形式上，新媒体具有高度互动性，而传统媒体采用线性方式。

（4）在传播内容上，新媒体具有交互性、及时性、海量性、共享性、个性化、社群化等多种特征。

（三）新媒体的形式

1.手机媒体

手机已经成为人们生活中的必需品，国内外手机的使用率和普及率大幅度提高，作为通信工具的手机现如今已经不再是单纯的通信工具，其已成为一种新兴媒体，进一步满足了人们越来越高的信息获取要求。

目前，手机的媒体性功能大致可以划分为三个部分：一是手机与互联网的结合，也就是手机上网；二是新闻媒体组织通过手机为广大消费者开通的手机报；三是手机电视，可以在手机上实现观看电视的功能。

手机媒体受众面很广，即时性强，并且交互性突出，其发展方兴未艾，这样一个信息服务平台将会越来越受到广大消费者的青睐，应用潜力不可限量。

2.IPTV

IPTV即交互式网络电视，一般是指通过互联网络，特别是宽带互联网络传播视频节目的服务形式，是一种全新的技术。IPTV很好地适应了当今互联网高速发展的态势，能够充分有效地利用网络资源。

IPTV的用户接受服务有三种方式：一是通过个人电脑；二是通过网络机顶盒+电视机；三是通过移动终端，如手机、平板电脑等。

IPTV的用户不再是被动的信息接收者，他们可以根据需要有选择地收视节目内容，在未来竞争中处于优势地位。交互性是IPTV的重要特征之一，也是决定人们愿意使用它的重要因素。

3.数字电视

数字电视是一个从节目采集、制作和传输到用户全过程都以数字方式处理信号的端到端系统。作为新媒体之一的数字电视集电视传播方式与信息技术于一体，吸引着人们的眼球，因其数字信号传播数率高，保证了电视的高清晰度。

数字电视采用了双向信息传输技术，增加了交互能力，让电视拥有了许多全新的功能，使用户可以按照自己的需要获取所需的网络服务，如视频点播、远程教学、远程医疗、网上购物等。

目前，数字电视提供最多的业务就是视频点播服务。传统的用户只能收看电视台播放的电视节目。数字电视的出现，让用户拥有了更大的自由度、更多的选择，交互能力也极大增强。可以说，数字电视把电视从封闭的窗口变成了交流互动的窗口。

4.移动电视

移动电视是指在可移动载体上，通过电视终端接收无线信号的形式来收看电视节目的一种技术应用。移动电视发展迅速，其覆盖范围广、反应迅速、移动性强。更值得一提的是，除了传统媒体的宣传和欣赏功能外，还具备城市应急信息发布的功能。

移动电视中有代表性的是公交移动电视和电梯电视。对于公交移动电视和电梯电视来说，"强迫收视"是其最大的特点，乘客身处公交车或电梯上，没有选择电视频道的权利，这种被动接收观看的状态，无疑会降低公交移动电视和电梯电视的收视率，然而目前还没有很好的办法解决这个问题。

但是，传播的强制性对于利用移动电视和电梯电视进行宣传的组织来说却是一个有效的方式。因为公交移动电视和电梯电视正是抓住了受众在乘车、等候电梯等短暂的无聊空隙进行强制性传播，使得消费者在别无选择时被迫接收传播信息，这对于某些预设好的内容（比如广告）来说，传播效果非常理想。

5.博客

博客，又被称为网络日志，是一种由个人管理、不定期发布新文章的网站。有的博客专注在某个特定的主题上，提供评论或新闻；还有的博客是专门发布个人的日常经历及其引发的所思所想，也就是个人日记。博客的即时性、自主性、开放性和互动性为人们提供了一定程度的话语自由。博客的读者以互动的方式留下意见，增强了群体之间的信息沟通，体现了人类共享与分享精神。

2000年博客开始进入中国，发展迅速。从那时起，人们对它的研究就从未中断过，2005年人们对博客的思考较之于以前更加深入，而且研究的角度更加多样化。博客在信息爆炸的互联网时代扮演着重要的角色，博客具备信息收集、阐释、整理能力，同时提供个人想法的信息收集者，无论是在商业道路上，还是在代表个人或机构或政府组织方面，博客有望成为公众的网络信息代言人。

6.播客

播客（podcasting）通常是指那些自我录制广播节目并通过网络发布的人。播客录制的是网络广播或类似的网络声讯节目，然后下载到自己的便携式数码声讯播放器中随时收听，享受随时随地的自由。

播客未来的发展方向是从文字传播向音频、视频传播转化，并增加更多的娱乐成分。播客可以自己录制声音节目，上传网络与网友分享。播客满足了人们自我表达、张扬个性的需求。

需要注意的是，博客与播客的主要区别在于，博客所传播的信息是以文字和图片信息为主，而播客传递的是音频和视频信息。

二、新媒体与广电媒体的关系

新媒体与广电媒体的关系主要表现在以下几方面。

（一）竞争性

新媒体时代的到来，对传统广播电视节目提出了更高的要求。在当前情况下，广播电视业面临的挑战除了它们内部激烈的竞争以外，还受到来自新媒体的冲击。现在一些网络电视和智能手机已经吸引了一部分人群，很多受众开始自主地选择新媒体。这样一来，广播电视媒体的收视率就会有所下降。

总体来看，新媒体时代对广播电视业提出了以下几点要求：

1.广播电视业的新发展需要从体制和机制着手

新媒体的发展对传统广播电视媒体产生了较大的冲击，这并不是技术可以解决的问题。所以在管理方面，要加强体制改革，如何进行体制机制的创新成为广播电视媒体发展的重点。

2.广播电视媒体之间竞争激烈，需要扩大市场份额

在市场总量不变的情况下，随着新媒体的强势入局，无论是央视还是各省的卫视，其原有的市场份额都面临着萎缩，地方电视台在竞争中的优势就更加显得不足，所以要想在如此激烈的竞争中生存下去，就要寻求新的发展机会。

（二）继承性

1.从媒体职能上看

新媒体为受众提供的服务范畴与传统广播电视媒体并没有多大变化，仍然集中在信息和娱乐两大领域。

2.从制作流程看

新媒体工作人员的分工构成仍然遵循传统广播电视媒体的人员分工，包括前期准备、中期采录和后期合成以及最后播出等几个基本环节。

3.从具体内容来源看

新媒体平台播出的很多仍然是传统广播电视媒体播出的或者是由传统节目制作机构制作的内容。

（三）互补性

新媒体与广电媒体的互补性关系主要表现在以下几方面：

第一，从信息真实性上看，新媒体在内容上往往存在不详不实和谣传的问题，新媒体上这些内容导致了观众对新媒体信任度的降低。而传统电视媒体拥有高质量的内容。对于新媒体的受众来说，很多人会选择使用新媒体获取最新信息，而选择传统广电媒体来作为信息的验证手段。

第二，新媒体的把关能力较弱。新媒体内容更加广泛，但专业人才非常稀缺，这造成

了一些常识性的错误层出不穷。传统媒体通常对于社会热点事件的报道更加谨慎小心，会综合考虑事件本身和引领社会舆论的作用，在内容制作上会追求事件的具体细节，并且更加注重人文情怀。

第三，新媒体在节目原创性上远远不及电视媒体，制作上的短板使得新媒体对于节目的需求仍依赖于电视媒体。

第四，在社会责任方面，新媒体更多的是以追求商业利益为目的，新闻失范的事件日渐增多。传统广电媒体则更多注重社会影响和正能量的宣传传播，对于社会公益追求更多。

三、新媒体的媒介特色

（一）新技术的使用

新媒体研究者长期以来着力研究诸如虚拟现实等新型用户体验方式。如爱奇艺、乐视等网络平台均在2016年便开放了VR平台，并投入巨资孕育优秀的虚拟现实内容产品。

（二）重复性

传统广电媒体的节目内容通常分为直播和录播两类，同一内容一般播出不会超过两次，观众一旦错过这两次播出的时间便无法观看这一节目。但是新媒体允许观众自由点播节目内容，可以突破播出时间的限制，重复播放观看同一内容。

（三）信息海量化

传统广电媒体受限于播出时长和栏目板块的划分，电视节目中不可能把所有的信息都发布出去。但新媒体通过自己强大的网络平台，可以任意推送更大数量的节目，拥有更充足的时间对信息进行解读和补充。用户不仅可以在新媒体网络平台中寻找自己感兴趣的内容，还可以对之前的直播内容进行回看。

（四）互联互通

从内容向用户的终端呈现方式看，多数新媒体相比传统媒体具有双向互动的新特性，能够支持用户自主点播。同时，随着更多网络直播平台的投入运行，在社会中掀起了一股全民直播热潮，人们通过网络直播进一步拉近了人与人之间的距离。

（五）提供给广告商更多的选择

电视媒体受到新媒体的冲击，造成了巨大的受众分流，因此对于广告商来说，新媒体成为广电媒体之外的一个优秀的广告投放平台。同时，电视媒体的广告会因为政策等因素受到一定的限制，使得很多广告无法进入电视的投放宣传平台。而新媒体平台的广告审核相对宽松，这种宽松的环境吸引了许多的广告运营商将广告投放到新媒体上。同时，与传统媒体的广告投放形式不同，由于网络新媒体平台上的用户通常在注册时就登记有相关信息，并且结合用户的浏览轨迹，可以轻松对一个用户进行定位，广告主可以结合平台数据，更加精准地进行广告投放。

四、新媒体的承载形式

新媒体的承载形式主要包括以下几种。

（一）直播

直播平台的特点主要是实时互动、多元文化进步与信息价值并存，主要的问题是直播平台同质化严重。

第一，网络视频直播是现在媒体的最高端形态。从信息传播的角度来看，文字可以捏造，图片可以处理，就连视频也能剪辑制作。

第二，内容模式上的千篇一律导致了各大平台间相互模仿、挖人，主播跳槽事件层出不穷。

视频平台同质化严重，需要有创新力的产品来引爆视频消费的增长点，这是未来Web3.0时代的主要发展方向。

（二）网络视频网站

网络视频网站的特点主要是内容生产速度快、技术门槛低、鼓励用户参与。网络视频网站开放的内容和模式为广大网络用户提供了上传和分享自己制作视频的机会。视频网站体现出的传统媒体与新媒体的交错融合，是其最为显著的特色。但目前，国内视频网站普遍存在以下问题。

第一，以低质视频追逐高点击率，使用制作比较粗糙、内容比较劲爆的恶俗视频，并将其放在首页来吸引网友关注，其中不乏一些带有色情意味的视频。

第二，产业链不够稳定。目前，网络自制节目市场刚刚打开，能够连续、固定地周期播放，并且保证品质的自制节目并不多。受众对于自制节目没有形成独立品类认知，没有养成固定的观看习惯。这导致用户的流量成本一直居高不下，并且节目期间的贴片广告影响用户体验。

（三）短视频

短视频指一种视频长度以秒计数，主要依托于移动智能终端完成快速拍摄和美化编辑，可在社交媒体平台上实时分享和无缝对接的新型视频形式。短视频具有以下几个显著特点。

1.视频长度较短，更适合碎片化场景消费

短视频长度一般控制在1分钟以内。这种短小精悍的视频模式使得即拍即传成为一种可能。随着移动互联网的发展，用户只需要几分钟，就可以拍摄一段短视频并予以发布。同时，即时观看使短视频的播放更加便捷，一段视频仅以秒计的长度也可以充分利用人们的碎片化时间，这为它的快速传播提供了有利条件。

2.异步的优质内容更容易传播和沉淀

"发布"将生产和消费分隔开，生产者有足够时间准备好的内容，而优质的异步内容更容易获得点赞、关注、收藏、二次传播甚至是转发链讨论，与社交关系链相辅相成。

3.商业化变现模式操作空间更大

一般来说，短视频的主题更为明确，内容更为聚焦，用短视频卖东西、做广告的方式正在飞速发展中。

（四）在线播放器

在线播放器的特点如下。

第一，实时点播，想看就看。

第二，每日更新，海量资源。

五、新媒体"参众"审视

（一）庞大的用户数量

庞大的用户数量既是新媒体发展的基石，也凸显出当下新媒体的主流地位。互联网在我国发展之初，只被人们当作一种技术性工具，使用者局限在高知群体和技术工作者之中，普通公众对互联网可望而不可即。而手机最初也被看作财富和地位的象征，仅有语音通话功能。随着门户网站的建立和互联网概念的普及，网民开始将网络作为认识世界的新渠道，激发了公众去网上寻求信息的热情，推动了网络媒体的发展。2000年后，手机也在短信定制的热潮中开辟了内容传播的新方式，成为公众须臾不离的伴随性媒体。借此，新媒体快速发展的大幕徐徐拉开，各种新技术、新概念、新形态不断推出，新媒体产品的性价比在"摩尔定律"的推动下趋于理性，日益贴近大众的消费能力；公众亦充满热情，积极尝试和参与，终于把我国网民数量推向世界第一。

（二）强烈的参与精神

新媒体的主要特征就是开辟了自由的空间和通道，让每个普通公众都有机会表达自己的情感、传播自己的思想、提出自己的质疑。诚然，这一空间不可避免地会遭到政治权力的干预和商业利益的侵蚀，但相较于传统媒体时代所有的传播媒介都由专门机构牢牢把控、个体话语无从表达的境地，新媒体的表达和传播空间相对而言已经"自由、平等"很多。所以，当网络媒体初具雏形之时，已有很多学者欣喜地提出，网络媒体开辟了信息时代的"公共领域"。至今，这一话题依然延绵不绝，各种类型的新媒体形态都被一一拿出来进行分析。"公共领域"寄托着大众的理想，是人们不断追求和靠近的目标。新媒体的传播特性使其在一定程度上具备了"公共领域"的特征，开启了独立个体进行自我传播的时代，强烈地激发了公众的参与热情。

（三）丰富的内容生产

用户内容生产（User Generated Content，UGC）是目前新媒体内容生产的重要特征，鲜明地昭示了新媒体用户的创造活力。这些未经主流意识疏导的、带着鲜明"草根"风格的内容，也正是新媒体的魅力所在，吸引了大批的观看者，培育出大量的"草根"作家、艺术家。

传统媒体时代内容出版受到严格的把关，内容的传播区分成了泾渭分明的传者和受者，内容的生产者局限于某些特殊群体之中，广大的"草根"智慧缺乏施展的空间。网络媒体的出现及各种应用的推出，让网民开始跃跃欲试。当下，微博成为核心的网络应用之一，终端和网络的相互融合，让微博的内容生产更加及时、迅捷，受到网民的认可。庞大的用户数量和强烈的参与精神是网民能够生产出丰富内容的基础，丰富的原创内容又是新媒体的热点之一，进一步激发了网民的参与热情，这正是新媒体的活力所在[①]。

第二节　新媒体技术的发展

以网络媒体与手机媒体为代表的新媒体的出现是以新兴的数字技术、计算机网络技术与移动通信技术作为支撑的。

一、数字技术

一般认为，数字技术是伴随着计算机的发明与微电子技术的进步而开发的一种新的信

---

①宫承波.新媒体概论[M].北京：中国广播电视出版社，2012.

息编码方式，以数字"0"和"1"组成的二进制的"比特"（bit）作为信息编码的最小单位，通过电子计算机、光缆、通信卫星等设备，把图、文、声、像等信号转化为电子计算机能识别的比特进行运算、加工、存储、传送、传播与还原。由于在运算、存储等环节中要借助于计算机对信息进行编码、压缩、解码等，所以也称为计算机数字技术。换句话说，数字技术最终的目的就是将信息进行数字化表达。

具体来说，从信息传播过程的各环节来看，数字技术主要包括数字信息处理与生成技术、数字信息存储技术、数字无线技术、数字传播技术、数字终端技术、数字媒体的信息安全与检索技术。其中，数字信息处理与生成技术包括数字音频处理技术、数字图像处理技术、计算机图形与动画技术；数字信息存储技术包括磁存储技术、半导体存储技术、光存储技术、网络存储技术；数字无线技术包括数字移动通信技术、无线互联网技术、卫星通信技术；数字传播技术包括数字通信技术、计算机网络技术、下一代网络NGN技术、流媒体技术；数字终端技术包括个人计算机技术、数字电视终端技术、手持移动数据终端技术；数字媒体的信息安全与检索技术包括数字媒体信息安全技术，数字媒体数据库技术与数字媒体信息检索技术。

与传统的模拟信号相比，数字技术具有信号稳定、精度高、保密性好、抗干扰能力强、便于长期存储等明显优点。虽然数字技术最初只在雷达、航天、声呐、通信、海洋技术、电子技术、微电子、计算机、人工智能等国防建设与国民经济领域得到普遍应用，但随着社会市场需求的扩大，新闻信息传播等商业领域也开始不断地使用数字技术来改进自身信息的处理、存储与传输方式。随着大众传媒的数字化，传统的大众传媒不仅摆脱了原有传送方式的限制，而且打破了传统的图书报纸、杂志、广播、电影、电视与电脑之间的界限，产生了综合文字、图像、声讯与视讯的多媒体形态的新媒体[①]。

二、计算机网络技术

计算机网络技术是通信技术与计算机技术相结合的产物。计算机网络是通过通信线路与通信设备，按照网络协议，将各地分散的、独立的计算机连接起来，在网络软件的支持下实现彼此之间硬件、软件和数据资源共享的系统。计算机网络通过共享硬件、软件和数据资源，实现对共享数据资源的集中处理、管理和维护。

计算机网络可以按照网络涉辖范围和互联距离、网络拓扑结构、网络数据传输和网络系统的拥有者、不同的服务对象等不同标准进行种类划分。若以网络范围为划分标准，一般划分为局域网（LAN）、城域网（MAN）与广域网（WAN）；如果按网络的交换方式分类，一般划分为报文交换、电路交换与分组交换；若按照所采用的拓扑结构来分类，可

---

①张凌彦，高歌.广播电视艺术与新媒体技术发展研究[M].西安：世界图书出版西安有限公司，2018.

以将计算机网络分为总线网、星星网、环形网、树形网和网形网；如果按照其所采用的传输介质来划分，可以分为双绞线网、同轴电缆网、光纤网、无线网；如果按照信道的带宽来划分，一般可以分为窄带网和宽带网；而按照不同的途径来分类，可以分为科研网、教育网、商业网、企业网和校园网等。

自美国军方ARPAnet诞生以来，计算机网络技术的魅力就得到无尽的展现，尤其是万维网（World Wide Web，简称WWW或Web）的出现最终实现了计算机网络民用化、商业化与全球化的发展与使用，在此基础之上，Web技术也历经了从Web1.0到Web2.0、从Web2.0到Web3.0的变革，计算机网络也从第一代网络发展至下一代网络（NGN）。

计算机网络技术的每一次革新都推动了传播技术的变革，促使大众传媒改进，甚至催生出新的媒体。如Web1.0的主要特点在于用户通过使用互联网浏览器获取信息；而Web2.0更注重用户的交互作用，用户既是网站内容的消费者，也是网站内容的制造者；Web3.0则将实现智能化的人与人、人与机器的交流。

三、移动通信技术

移动通信是指移动体（如人、汽车、火车、飞机、轮船、收音机等）与移动体之间，或移动体与固定体之间的信息传输。移动通信技术通过无线网络实现了跨时空的信息传播，使数字信息传播摆脱了电线、光缆等固定网络的限制与阻碍。

移动通信技术已经从以NMT、AMPS为标准的模拟传输的第一代移动通信系统发展至以GSM、PDC、CDMA和D—AMPS等为标准的数字语音传输的第二代移动通信系统，又从第二代移动通信技术发展到了以WCDMA、CDMA2000、TD—SCDMA和WiMAX为标准的智能信息处理的第三代移动通信系统，然后再从第三代移动通信技术发展至以正交频分复用（OFDM）为标准的集3G与WLAN于一体的高质量视频图像传输的第四代移动通信系统。移动通信技术的每一次更替都推动着媒体技术的发展与变革，甚至催生出了新的媒体形态[①]。如第一代移动通信技术只能提供语音服务。但第二代移动通信技术却可以提供语音、短信、彩信、国际互联网、移动商务等服务，而第三代移动通信技术还可以提供网页浏览、电话会议、电子商务、视频音频接收等服务，到了第四代移动通信技术提供的则是多媒体信息服务，此时的手机已经是一个微型的移动电脑了。

需要说明的是，以上所述的数字技术、计算机网络技术与移动通信技术三者之间是相互支撑的，其中数字技术是基础，网络技术和移动通信技术则是渠道，只有信息实现了数字化的转换以后，才能通过网络技术与移动通信技术进行传输与接收。而这三大技术的结合则构筑了新媒体技术的核心，并为新媒体的诞生、新旧媒体的融合提供了技术前提。

[①]张凌彦，高歌.广播电视艺术与新媒体技术发展研究[M].西安：世界图书出版西安有限公司，2018.

第三节　新媒体与传统媒体的差异

一、新媒体与传统媒体的差异分析

（一）新媒体与传统媒体在技术方面的差异

传统大众媒体当中的信息传播，要么以纸张为介质，要么以磁带和胶片为介质，虽然也能保存相当长的时间，但是往往有失真的现象，尤其是对于传统电子媒体来说，不仅在长时间的保存当中会失真，而且在信号传播过程中，其模拟信号也容易失真。相反，新媒体是以数字化技术为基础的大众传播媒介，以体积小、容量大的光盘、硬盘、云盘等为介质，以字节比特为信息的最小单位，不仅信息的存储数字化，而且信息的传送与接收也数字化，所以，这从根本上保证了新媒体信息本身的稳定性、高保真与高清晰性。

（二）新媒体与传统媒体在信息方面的差异

由于传统媒体存储介质容量有限，所以广大受众通过这些媒体所能获得的信息也是有限的。而以数字化信息存储与传播的新媒体，却能在微小的存储介质里长时间保存海量的数字化信息，尤其在通过网线把世界各地单个计算机连接起来以后所形成的国际互联网上，所有连线和在线的计算机所存储的信息就变成了一个浩瀚无边的信息海洋，所有在线网民都可以在这个信息的海洋里冲浪。

从宏观上说，即使在传统媒介社会里，信息也是庞杂和海量的，但是从单个的媒体信息容量来看，却是极其有限的，同时受众所能够获得的信息也是极为有限的。可是在新媒体社会，不仅单个媒体自身存储的信息近乎海量，而且各个单个的媒体连接起来的网络拥有的信息更像一个汪洋大海。更为重要的是，每个受众只要在线联机就可以在跨国界、跨疆域的有线或无线网络里分享彼此所拥有的信息，从而实现全球海量信息的共享[1]。

（三）新媒体与传统媒体在形式方面的差异

传统媒体的信息往往以较为单一的符号作为表现形式，比如纸质媒体是利用文字和图片传递信息，广播是以声音发送信息，而电视借助于声音、图像和字幕传播信号。但是以网络与手机为代表的新媒体信息的保存、表达与传播，则兼容了文字、图片（表）、声音、动画、影像等多种传播符号。新媒体达到了将传统媒体的优势集于一身，而且最大限度地实现了各种传播形式的"兼容并包"。这不仅使新媒体丰富了信息传播的手段，而且

---

[1]曾来海.新媒体概论[M].南京：南京师范大学出版社，2015.

使受众的各种感官得以充分调动。

由于信息的数字化处理，新媒体不再像传统媒体一样以文本形式呈现和以线性形式组织，而是以多媒体形式展示，以节点为单位的超文本呈现，以超链接的形式组织。每一个节点内的信息可以是文本、图像、图形、动画、声音或它们的组合，节点之间则通过关系加以链接，组织上呈网状结构。这既便于新媒体海量信息的存储，又便于受众对信息的浏览与检索[①]。

（四）新媒体与传统媒体在传播源方面的差异

传统媒体其传播源相对来讲明确程度较高，这首先是由新闻体制因素导致的。长期以来，我国在进行重大事件报道时通常都是借助主流媒体来发声的，这也决定了以此形式报道的权威性和可信性。其次，传统媒体在传播的过程中必须在层层审查的基础上进行，正是依托严格的审查制度，使得虚假信息等情况得到了有效的遏制。此外，传统媒体传播源资格受到一定限制，通常来说，广播、电台以及电视台等较为官方的机构等都是传播源的具体形式。

而新媒体的传播源并没有明确的界定。在借助新媒体实施传播的过程中，传播主体发布信息可以使用匿名的方式，也可以借助技术手段对自身IP地址进行隐藏等，这也都是导致传播源模糊的直接因素，进而使得虚假信息无法得到有效的控制，传播主体的责任感也亟待强化。此外，新媒体传播过程中对传播源资格限制并不大，存在于网络世界的每一个个体都可能作为传播源而存在，这也增加了新媒体传播源的不确定性。

（五）新媒体与传统媒体在社会引导方面的差异

相比于新媒体，传统媒体有着更强的社会引导力、公信力与权威性。作为传统主流媒体，其在过去几十余年的发展中奠定了雄厚的社会基础，并在多年的历史沉淀中形成了完善的经营发展体系与管理制度。传统媒体的内容生产和信息传播都需要经过严苛的审核与检验，因此最终呈现出的内容深受广大人民群众信任。

反观新媒体，虽然在短时间内借助互联网实现了崛起，但由于管理制度不完善且自由度较高，经常会出现虚假内容，导致民众对新媒体的评价好坏参半，所传播的新闻信息缺乏公信力和权威性。受众则更加倾向于传统媒体产出的时政方针新闻报道。

二、新媒体与传统媒体相比具有的优势

与传统媒体（如报纸、杂志、书籍、广播、电视、电影等）相比较，以网络与手机为

---

①曾来海.新媒体概论[M].南京：南京师范大学出版社，2015.

代表的新媒体自诞生之日起，其独特的优势就表现得非常突出与强劲，但在众多的优势当中，最为明显的则表现为以下几个方面。

（一）技术的数字化

新媒体是以数字化技术为基础的大众传播媒介，以体积小、容量大的光盘、硬盘、云盘等为介质，以字节比特为信息的最小单位。不仅信息存储数字化，而且信息的传送与接收也数字化，这就从根本上保证了新媒体信息本身的稳定性、高保真与高清晰。同时，数字化技术也是新媒体其他特征与优势的前提与保证。

（二）信息的海量化与共享性

以数字化信息存储与传播的新媒体，能在微小的存储介质（如光盘、硬盘、云盘等）里长时间保存海量的数字化信息。每个受众只要在线联机就可以在跨国界、跨疆域的有线或无线网络里分享彼此所拥有的信息从而实现全球海量信息的共享。并且这种全球性新闻信息的共享是不受时间与空间限制的。尤其在P2P技术的支持下，出现了如BT和emule等一大批的共享软件，使得新媒体的高度共享得以全面实现与普及。

（三）使用的个性化与交互性

与传统媒体以同一信息同时向社会公众传播的大众传播相比，新媒体则往往是个性化的小众传播。在以网络与手机为代表的新媒体传播中，受众可以根据自己的需要通过搜索和检索工具来选择信息，还可以自由地选择信息接收的时间、地点以及信息的表现形式，甚至信息的生产与传播者还可以利用"信息推送技术"，根据用户的特殊需求提供订单式服务。

同时，新媒体也不再像传统媒体一样持有"你说我听"的单向传播模式，而是交互式传播。传统媒体按线性输出信息，让受众被动地接收以统一标准生产的信息产品，即使也通过热线电话、来信、来访等方式展开与受众的互动。但互动的频率一般比较低而成本较高。而新媒体的互动则非常便捷且成本低廉。新媒体不仅可以通过点击量来体现互动，而且可以通过留言和评论等方式来直接互动，甚至还可以通过在线提问和交流来实现互动。除此之外，新媒体的交互性还体现在让受众直接参与信息的生产。信息生产的直接参与主要体现在发帖或上传自己所采集的信息，这不仅可以为媒体信息生产与传播者提供信息来源，而且还常常率先发布一些消息，尤其是突发性消息或传统媒体难以采集或者不发布的消息往往会由网络和手机等新媒体率先报道[①]。

---

① 杨丽.广播电视新媒体的特征及社会影响[J].新媒体研究，2017，3（10）：21-22.

第四节　新媒体的传播特征与发展趋势

一、新媒体的传播特征

（一）交互性

交互性是新媒体的最本质特征，当下新媒体工具如QQ、微信等都向我们展示了新媒体的交互性特征。对交互性予以审视可以发现，其主要涵盖两方面内容。

第一，信息传递是一个双向传递的过程。

第二，无论是信息传递还是接收等过程都对信息有控制权利。

新媒体具有的良好交互性，主要是通过其数字技术、网络技术普及与应用以及使用成本低廉等得到充分展现的。依托数字技术可以简化信息采集和传送的流程，互联网使用成本低廉可以使人们对廉价传播渠道的需求得以满足，为信息的双向交流奠定了良好的基础。正是借助新媒体交互性特征，使传播者与受众双方间的交流更为紧密，不仅改善了以往两者信息失衡的现象，而且对调动受众参与积极性也有着重要意义。

（二）即时性

对传统媒体予以深入研究可以发现，其在出版或播放过程中都存在明显的时间周期，基于此方式实施的信息传播的即时性无法得到保障。新媒体的出现则改变了这一问题。新的网络媒体主要依托的是以光纤为核心的传播线路，且有着极快的传播速率，即使是在世界范围内的传播也可以实现瞬间传递，同时借助多样化的移动设备更能够不受时间与空间的限制，对于获取到的信息内容可以实现随时随地的更改与创作，从而保证用户基本实现零时差的信息内容获取。

（三）超媒体性

超媒体性简单来讲就是以多种媒体为界定从而实现信息的非线性组织与呈现，并借助声音、文字等多种通信媒介为载体推动多类型传播形式的兼容。新媒体还可以以超文本组织方式为参考，实现对文本、声频等媒体信息的有效组织，在此背景下，不仅方便了受众对文字、声音等信息的获取，而且还使媒体的传播更加多样化。随着社会的进步与发展，新媒体也必然向超媒体信息服务方面发展，尤其是在网络融合发展背景下，超媒体也将作为新媒体基本服务而存在。

（四）自主性

从传统媒体角度而言，传播者对整个传播体系有着重要的控制作用，这从某种程度而言会削弱甚至剥夺用户的选择权。新媒体逐步建立起了新型的内容交互体系。在此背景下，不仅推动了以往以传播者为核心向以受众用户为核心的转变，而且在此转变过程中也赋予了传播更新的概念，对以往把控者和受众的概念进行了重新界定，只要是使用新兴传播媒体的使用者均可以作为信息内容的生产者与传播者，每个用户都可以作为"媒体"而存在。以特定角度为立足点来讲，网络社会化的真正实现就是指人这一概念在信息内容产生直至实现这一动态过程中的有效渗透。处于新媒体世界中的每个个体，均拥有平等的话语权，每个人都具有传播者和接收者等双重身份，受众也改变了以往被动接受的方式而转变为主动。也正是由于新媒体的上述特性，所以用户在获取信息内容时均可以以个人意愿为依据来实现信息内容的选择，在这一过程中受众的主体地位以及自主性得到了充分的提升，大众在依托新媒体这一手段进行信息内容创作或讨论时也是其在社会公共事务上参与程度的有效体现，推动了社会的良性发展。

（五）虚拟性

新媒体的虚拟特征主要包括以下两方面内容。

第一，信息本身就是一个虚拟化的存在，主要是基于比特排列组合形式得以呈现的。借助多样化的软件类型，人们可以制作出更具真实性的虚拟信息。

第二，传播关系虚拟性质明显。处于新媒体环境下，传递和接收双方的角色不仅可以自由转换，而且其还存在虚拟特征，所以双方信息在进行沟通与交流时通常都是基于未知背景下得以建立，这也决定了未知交流上人际关系的虚拟性。随着新媒体时代的逐渐深入，这种虚拟性的存在会使传统的人际交往模式发生改变，继而导致新问题的出现。

（六）海量性

新媒体是对以往传统媒介信息传播局限性的突破，所以在信息传播过程中其形式受限制因素减少的同时，其也在传统媒体地域性基础上对其进行了拓展，信息传播的范围界定也逐步向世界范围延伸。这样，无论何时何地都可以实现以特定形式为依托的信息传播与交流，也正是基于新兴传播媒介在时空范围内具有的开放性特征，使得新媒体传播范围拓展到全球。借助时空开放性，可以使原本海量的数据信息实现纵向和横向的发展，在此背景下的信息交互实现可以不受国家、地界的限制，这也为国际的沟通与交流提供了便利。

（七）融合性

新媒体不仅囊括了多种传播形式，而且其对媒介融合也产生了巨大的促进作用。借助融合性特征，新媒体可以对多样化信息形态、传输渠道的整合起到重要的推动作用，在此背景下，用户不会受到所使用终端媒介以及所处地点的影响，即可实现与信息站点的相互连接，从而步入新媒体当中获得服务类型。新媒体为媒介间的融合提供了重要的平台支撑，它的出现，不仅实现了对传统媒体优势的集中整合，而且依托数字技术传统媒体也可以实现向新媒体的转变。

（八）个性化

从受众角度来讲，传统媒体的优势在于有着较广的覆盖面，而新型网络传媒所提供的服务更加趋于个性化发展。具体来讲，传统的媒介形式所面对的始终是大众群体，即使将其置于分众市场领域，其大众化特征也是无法更改的。因此，服务的个性化只能依托网络传媒来实现。随着网络传媒的普及与广泛应用，用户能够以自身需求为导向，畅游在大数据的海洋当中，或者还可以根据自身实际情况和需要，对消息接收方式、时间等予以自由安排，传播者也可以以用户特点为立足点为每个人提供具有个性化的服务内容。用户可以以自身需求为导向进行信息搜集、整理与传播。

二、新媒体的发展趋势

新媒体处于动态发展过程中，这些变化都是依托技术变革与创新而出现的。就目前来讲，下一代移动通信技术的发展会对新媒体发展产生直接影响，尤其是5G移动通信技术的应用，将会使新媒体的即时性和视觉化得到更为显著的增强，新媒体将仍会以视频内容为主。自第三代移动通信技术3G网络开通后，传统互联网向移动互联网的迈进速度逐步加快。之后，在移动终端和移动互联网快速发展的背景下，使得手机等移动设备上网成为主流，这也标志着新媒体接收和传播方式开始向移动化和无线化发展。

现阶段以互联网、移动网和电视网为一体的三网融合战略正在如火如荼地开展，这一战略的推进与实现，不仅可以使网络资源利用率得到快速提升，而且也能促进新媒体技术应用和产业形态系统创新。同时，我国当前正处于由以往工业社会向信息社会迈进的关键阶段，这也决定了社会网络化和网络社会化的推进速度迅猛。在此背景下，不仅整体社会网络化程度都能得到显著提升，网络技术开发应用以及网络基础设施建设等也将逐步实现规范化和全面化发展，而且网络的社会化水平也得到了充分的提升。

现代社会的形成离不开社会网络化和网络社会化的共同作用，同时多样化的信息服务和行业应用也是建构网络社会基础的重要因素。例如电子商务、搜索引擎等基础业务对互联网的应用也起到了带动和引导作用，商业化、社交化以及娱乐化成为其主要发展趋势与方向。社会网络化和网络社会化也直接作用于社会发展，是其发展过程中的重要力量。其主要是借助信息技术，以网络为载体，以多样化的网络终端为支撑，以各种诉求为目标和方向，从而催生出的不同以往的新型社会文化形态，即网络文化。它的出现不仅对社会整体、政府以及公众组织行为等产生了重要且深远的影响，而且在互联网和物联网相互整合的基础上又可以对传统社会经济运行模式转变提供巨大力量支撑，从而加快了新型发展态势的形成，在此背景下其对社会产生的深远影响也不容忽视。

三、新媒体技术对广播电视传播的影响

（一）新媒体技术对广播传播的影响

1.接收手段的多样化及数字传输手段的普及

随着计算机技术的不断发展和普及，我们的日常生活日益进入数字化时代，伴随而来的，是信号传输手段逐步向数字化传输形式靠拢，数字卫星广播技术等先进技术不断得到应用和普及，在采用数字化传输技术和手段之后，即使是在很弱的接收信号条件和较为恶劣的接受范围内，也能保证很低的差错率，这样的进步在技术层面和理论上使广播的大范围传播成为可能。在我国，到2001年，中国通信广播卫星公司已经开始全面运营世广数字多媒体广播系统。

与传输手段的进步相比，接收终端和渠道也日趋丰富，除较常见的收音机外，手机、手持终端、手表型接收器的出现将广播的接收终端植入日常使用物品中，更加方便携带使用。

2.广播传播的个性化更强

微博、博客等新兴的传播方式，让每个人都能够成为信息发布者，广播传播的个性化更强，让普通受众也能够更好地表达自身观点，关注自身所喜欢的广播新闻。在新媒体技术的支持下，传统的广播传播模式发生较大转变，个性化较为突出，有效满足了不同受众的实际需求。

3.信息交互性增强

计算机和网络技术的发展正使越来越多人的交流变得更加便捷，随着网络技术的进步，全球村已不仅仅是一个概念，人们日常所接收和发送的信息数量正以几何倍数增长。此外，数字化所带来的另一个好处更多地体现在互动性的显著提升上。

广播从开播之初就占据传统媒体互动性的最前沿，从早期的嘉宾互动、连线互动到直拨热线，几乎每一阶段广播发展的历史都离不开有效的发送方与受众信息的广泛交互，但即使是在广播互动发展的鼎盛时期，每一档广播节目单位时长内所接收到的受众反馈信息

数量也无法与今日相比，而在有效信息筛选方面，未知的电话反馈与直观呈现在直播间电脑屏幕上的互动信息，无论筛选的速度还是质量，都不可等量齐观。

4.网络广播（webcasting）出现并迅速发展

通过互联网提供音频和广播的服务，被通称为网上广播。随着21世纪互联网技术的飞速发展，网络广播（webcasting）的技术平台日趋完善，据不完全统计，目前全国有2000多家广播电台，100多家电视台开通了网上广播，通过互联网提供音频和视频业务，虽然在一定程度上扩展了广播的领域和受众空间，但是网络广播也存在着自身的一些局限性，比如目前音质较差，噪声问题，连续传输性等特点也是已经习惯传统电波传输音质的听众所需要接受的改变。同时，网络广播在前期手持终端尚未小型化和大规模普及之前，在接收终端上反而削弱了以往广播可靠性、移动性等优势，但是随着互联网技术的迅猛发展和数字手持终端的日益小型化和普及，网上广播所蕴藏的较大商业潜力也逐步引起很多音频制作机构和电台的重视。

5.信息传递过程中的捆绑及集成性特点显著

信息传递，在过了传统时代面对面交流，一对多有迹可循的单向传送之后，借助计算机和互联网技术的发展，早已进入"混乱时代"。数以亿万计的信息碎片不停地在个体之间往返传送，不同的受众择取对自己有效的信息进行加工，接收，再传递。每个受众在选择接收自己感兴趣的信息时，往往依据是一个标题、一句话甚至是一张图片，在这样的背景下，如何选择最经济的手段传输最大化的信息量，也成为每个媒体和信息传播者关注的方面。借助现有的技术手段，信息的捆绑集成成为可行的选择。与以往受制于版面的平面媒体和受制于时长的电视媒体不同，数字媒体环境下各媒体能够依附的信息量更为庞大，往往对于一个新闻、一个事件能够收集到更为详尽全面的资料和背景呈现给受众。

与以往的媒体环境相比，数字媒体时代很多媒体往往从"舆论的引导者""意见领袖"更多地向信息的整合者和搬运者转移，以往立场鲜明的观点很多时候被来自各个方面代表不同角度的信息和庞大的资料代替，而与以往相比，受众明显要承担起更多的信息筛选工作。

（二）新媒体技术对电视传播的影响

传统模式下的电视传播形式通过一种被称作扇形聚集的形式，对单一的信息进行统一收集和统一呈现，电视媒体的传播内容，都是不同电视台的信息内容。在用户的信息选择上，以前传统模式下人们没有接触过互联网和新媒体，电视传播会让人们快速了解其所呈现的信息内容。

1.传输手段及信息传递过程的趣味性增强

受益于信息技术的发展，数字媒体环境的日益进步使信息传输开始从受众之间线性传输手段日益向网状传播发展，个体已经不仅仅作为单一的受众存在于信息网络之中，信息传输者和接收者的区别日益模糊，绝大多数情况下，受众在作为受众接收信息的同时，也在以自身为中心向周围散播和传输经过自身过滤再筛选后的信息。由于个体的受众之间存在的不同差异，每个个体对于信息传输的方式和手段的选择也不尽相同，这也在客观上使信息的传递过程呈现出多种多样的形式，充满个人特点。同时，由于个人数码产品的进一步普及，手持终端等设备大量被采用，个体受众每天所接触的信息数以万计，而在这样浩瀚的信息海洋中，如何选择性地接收自己感兴趣的信息，甚至如何在相同的信息中挑选自己喜好的信息发送方，这样的选择每时每刻都在发生，而不同的信息发布方为了更好地占据受众数量，也在绞尽脑汁地思考应对之策，这样的局面和要求，也在客观上要求信息的发送方，在数据和信息的传送方式上做出改变，如何变得更吸引人，如何使接收的过程更具趣味性，才能使更多的受众选择自己。例如，作为近年来比较成功的网络电台模式，考拉FM和豆瓣电台对于自身的定位和在受众黏合度方面就有了不同的选择。作为最早开辟独立网络电台模式的豆瓣电台，占据先入为主的优势，在歌曲选择和分类方面更多采取用户主导的模式，更多的时候需要用户主导整个收听的进程，与之不同的是，作为后来者的考拉FM，在一开始就在系统的主动性上下功夫，根据不同用户的收听习惯和风格喜好，不定时推荐相应的曲目，同时又根据用户的进一步动作记录，分析受众的收听习惯、收听爱好，为进一步的精准推送提供参考。

2.电视传播形式趋于网络化

新媒体使得电视内容更加具有娱乐性，电视传播形式趋于网络化。新媒体技术的发展使得传统媒体间的竞争日益激烈，各个电视台不断丰富电视节目内容和形式，提高电视内容的质量。部分平台为了获得更高的点击率，会选择播放受众比较喜欢的娱乐性节目，在这样的背景下，电视传播逐渐以娱乐内容为主，并在不同平台之间进行广泛传播，使得电视传播形式趋于网络化。

3.提高电视传播的有效性

传统电视媒体信息传播的信息源缺少监督，而新媒体技术可以对传播的信息进行标注，让受众了解信息的来源以及信息的流向，方便信息监督。传统电视媒体上的广告或者其他不被受众喜欢的信息，可以通过新媒体技术进行筛选，使受众获得自己所需要的信息。新媒体中的信息跟踪技术，可以使传播者分析获得受众访问量大的信息资源，进而加强访问量大的资源内容的制作，放弃访问量少的信息资源，从而提高信息传播的有效性，降低信息传播成本。另外，新媒体技术允许不同的电视台进行资源整合，弥补单一电视台传播的不足，能够更好地满足受众多方面的需求。

4.拓宽电视传播的渠道

新媒体技术的不断发展，使得受众获取信息的渠道也得到拓展。传统电视媒体的信息传播渠道比较单一，新媒体则可以通过各种现代技术设备传播内容，给受众更多、更全和更好的信息。新媒体在传播渠道方面具有鲜明的特点，主要为：信息覆盖范围广、舆论引导性强、各种功能优势互补。新媒体技术给各种信息打上标签，受众可以通过附属信息，了解信息的来源，并进行互动。随着手机应用体验的不断提升，微信传播成为新媒体的主流传播方式，健康信息的传播阵地有向新媒体平台，尤其是微信平台转移的趋向。

■ 第四章

广播电视产业的数字化

第一节　广播电视产业的特点与分类

一、广播电视产业概述

（一）广播电视产业的概念

广播电视产业有狭义和广义之分。狭义的广播电视产业主要指以采集、制作、生产、营销、播出广播电视节目为主的单位、机构、企业及其在市场上相互关系的集合，既包括节目制作公司、节目策划和营销公司、节目包装公司、节目经营公司、广告公司以及节目收听（视）率调查公司，也包括各层级的电台、电视台。而广义的广播电视产业，除了狭义的广播电视产业涉及的内容外，还包括广播电视系统制作、存储、传输、发射、监控、播出和接收设备的制造业。

通过对我国广播电视产业的实际情况分析，广播电视产业可以理解为借助无线电波或者导线生产制作传播声音和画面等传播介质企业组织和市场关系的集合。

（二）广播电视产业在社会经济中的作用

作为我国文化产业的重要组成部分，广播电视产业以其高附加值的融合性，对国民经济的发展起着不容忽视的带动作用。概括来说主要包括以下几方面。

1.开拓产业经营

我国广播电视传媒机构在成立之初仅具有单一的政治属性，主要职能是履行党政宣传任务，其运行费用完全依靠国家财政拨款，内部机制按照事业单位设置。随着国家经济体制的改革，广播电视事业不断受到市场经济的冲击，作为一种科技含量高、成本投入大、人才要求专的行业，完全依靠国家财政拨款已经不能满足广播电视媒体生存和发展的需要。因此，广播电视传媒开辟产业化道路，通过符合国家政策的产业经营，创造更多的经济效益，并以此保障和促进广播电视事业的持续发展[①]。

---

①张振华，张君昌，欧阳宏生.中国广播电视学[M].北京：中国国际广播出版社，2018.

2.发挥产业带动作用，成为国民经济支柱性产业

文化产业是社会主义市场经济条件下繁荣社会主义文化的重要途径，是满足人民群众多样化、多层次、多方面精神文化需求的重要载体，也是经济社会发展的重要支撑。作为文化产业的主力军，广播电视产业对现代国民经济增长的带动作用不可忽视。

第一，广播电视产业良好态势本身不仅可以促进我国国民经济的迅猛发展，更能带动周边其他产业的共同繁荣。如广播影视基地的建设，在为广播电视产业提供基础设施、设备及制作平台的同时，可以带动周边地区旅游、餐饮、基础设施的发展，从而对国民经济起到积极的带动作用。

第二，广播电视产业属于创意产业，可为其他产业提供文化创意的相关服务，以提升其他领域产业的品牌价值和文化价值。我国广播电视产业在政府相关政策的推动下，通过市场化运作，对国民经济的带动作用已经日益凸显。

（三）广播电视产业发展的趋势

趋势一：强化产业政策支持引导，政府组织能力显著加强

近年来，广播电视行政管理部门重视推动广播电视产业发展，综合施策全面加强引导促进。2019年以来，国家广播电视总局发布《关于推动广播电视和网络视听产业高质量发展的意见》，完成首度广播电视和网络视听产业发展项目库入库项目评审遴选，以部省共建、指导创建等形式推动中国（湖北）网络视听产业园、中国（长沙）马栏山视频文创产业园、中国（贵州）智慧广电综合试验区等产业园区（基地）建设，释放了引领事业产业协同发展的明确信号。

地方广电局也相继出台有关政策措施，包括加大对内容创作生产传播的支持力度、开展网上服务、优化业务审批流程和方式、在有关项目评审中优先支持、协调对接多元投融资渠道、争取减免税和补贴、加强重点项目跟踪指导等一系列实在举措。主管部门将进一步发挥政府的统筹组织作用，与广播电视产业一道迎难而上，振兴产业发展。

趋势二："智慧广电"战略深入实施，广播电视产业精准服务能力持续加强

在今年全国广播电视工作会议上，"智慧广电"建设工程被列为广播电视六大重点工程之一，全行业加快推进智慧广电媒体、网络、公共服务、产业生态建设，加快实现广播电视优化转型升级。

从战略层面看，"智慧广电"既是决定广播电视未来前途的战略性工程，也是指导传统广电媒体走出现实困境、优化升级的有效方案，更是新时代广播电视产业高质量创新性发展的正确路径。

从操作层面看，当前行业的实施重点，将着眼于综合运用最新技术手段，推动广播电视产业数字化发展，快速提高精准化内容生产传播能力、精准化综合服务提供和聚合能

力，推动居民家庭文化消费升级。

一是加大高质量内容供给力度。基于内容消费行为大数据生成的用户画像和圈层细分，内容制作主体将进一步加大多元化内容生产，加强全媒体精准分发、智能推荐，逐步推动做好新时代的精准大众传播。在新型视听内容方面，云录制节目、智能修复的超高清经典影视剧、慢直播、VR多视角直播、虚拟观众座席、"实体弹幕"、互动剧等新产品新业态不断涌现，为广播电视用户带来沉浸式、强互动、高质量视听体验，让人耳目一新，尤其在年轻用户中圈粉无数。新型基础设施建设进度加快，伴随5G大发展，万物互联、万物皆媒、万物皆屏的时代即将到来。各类主体将结合广电5G发展规划，提前布局，力争在新赛道赢得先机，随之掀起的将是内容创新生产的新一轮高潮。

二是依托内容优势深耕垂直服务。今后，我们的学习、生活、工作方式都会有所改变，与之相应，数字文化、在线消费、智慧管理等新兴产业的消费需求快速上升，迎来爆发式发展的重要机遇。北京、广西、贵州、浙江等地的有线电视网络公司，已先行推出了"智慧广电"远程医疗平台、在线问诊平台、"智慧广电＋教育"、视频会议系统、"智慧广电＋高清监控"系统、"智慧社区"系统、"无感人脸识别＋精准红外热成像测温系统"、一体化门禁设备等"智慧广电"新应用新业态，拓展了"智慧广电"广阔的发展空间。

接下来，广播电视媒体将进一步依托行业的内容优势和专业优势，在政用、商用、民用等垂直领域整体跟进、不断细化拓展，提供覆盖全场景、全终端的精准综合服务，释放国内市场的新兴消费潜力，培育产业发展新动能。

趋势三：共建行业资源整合生态，广播电视产业协同发展能力持续加强

不可否认，广播电视产业整体实力不强，有线网络画地为牢、有系无统，用户规模没有形成规模优势；海量内容资源分散在广播影视制作机构和广播电视台内，价值挖掘不足，明显束缚广播电视产业发展。目前，这一局面有望通过统筹推进全国有线电视网络整合和广电5G建设这一重大改革创新举措得到关键性扭转。

《全国有线电视网络整合发展实施方案》已正式发布，以此为契机，政府和行业将携手尽快推动行业资源、各类要素有效整合，形成"内容＋网络"双轮驱动的综合优势、规模优势、集成优势，释放高度协同汇聚的强大发展合力。

一是台网深度融合加快。中国广播电视网络有限公司（中国广电）与湖北广电网络和湖北广播电视台等联动，共同推出的广电5G无接触新闻发布会新模式，以及湖南有线网络开发的5G应用"5G芒果超视"打造"云录制"节目，展现了5G环境下的广播电视台、有线电视网络深度融合的新模式新空间。今年，国家广播电视总局还将打破行业数据、要素、资源孤岛，牵头搭建统一的视听节目传播信息大数据体系、传播效果客观评价体系、从业主体信用体系、视听内容版权交易体系等。这些探索和举措将共同推动广播电视业务流程重塑，逐步构建以用户大数据为核心支撑、以服务用户应用场景为核心目标的精准化生产运营闭环，全面激发产业内在活力。

二是协同创新格局基本成型。创新是一个复杂系统，最需要子系统间的协同互动、有机配合。为更好地适应新一轮科技革命的集成创新、链式变革特点，各级主管部门近年不断加强规划引导，重点推进产业园区（基地）、产业项目库、创新中心和国家级实验室等的建设，如今已在全国范围内基本构建了产学研用多主体协同、多领域融合、多层次合作的创新格局，其溢出效应将强力激活全局，带动产业链上下游协同发展。龙头企业将进一步体现平台化发展趋势，展现其平台能力，包括超高清云传输、智能云剪辑、智能审核工具、智库研究成果等，为OGC、PGC、UGC、MGC等生产方式提供完整解决方案和技术工具支持。

全国各类广播电视和网络视听产业园区（基地）、实验室则将进一步聚集优势资源要素，对接和嵌入国家区域一体化发展战略，开展专业化分工、差异化联合，促进视听业务、内容、平台、网络、终端的共融互通，链接融合更多政府资源、社会资源、生产资源、生活资源，发挥对行业、区域乃至社会发展的示范引领和辐射带动作用。

二、广播电视产业的特点

（一）网络性

与其他文化产品不同的是，广播电视产品的传播以光或电信号传播为主，从发射端到接收端是一个连续完整的网络。传播的载体有无线广播电视发射台、有线广播电视网、卫星广播电视网、互联网、通信网等。

（二）技术性

广播电视产业是在现代电子技术发展的基础上产生的。广播电视产业的大发展也是层出不穷的新技术推动的结果。从黑白电视到彩色电视技术、从摄像技术到磁带记录技术，再到后来卫星传播技术、大规模集成电路技术、互联网技术等的发明与应用，不仅扩大了广播电视的传播范围，改变了广播电视节目的制作方式，还丰富了广播电视产业的内涵，扩大了广播电视产业规模，形成了新的广播电视产业形式，并拓展了广播电视产业的发展领域。在广播电视产业经营中，技术不仅是媒介实现经营目标的必要条件，先进的技术装备还是传播媒介在激烈的竞争中制胜的重要法宝[①]。

（三）自然垄断性

广播电视产业历来被认为是具有自然垄断特征的行业。自然垄断是指由于规模经济效益、网络经济效益、资源稀缺性、范围经济效益、沉淀成本等技术和经济方面的原因而形成的一个产业由一家企业完全垄断或少数几家企业寡头垄断的经济现象。与西方国家广播

①吴玉玲.广播电视概论[M].北京：中国传媒大学出版社，2007.

电视双轨并行体制不同，我国没有私立广播电视机构，广播电视全部为国家投入的公共体制，实行严格的进入管制。广播电视的主要资金来源于财政拨款。

（四）知识性

从某种意义上讲，广播电视产业是生产信息、知识和娱乐的产业。广播电视产品和其他文化产品一样，是以文化、创意理念为核心，更富于精神性、文化性、娱乐性、心理性的产品。广播电视产品由多知识、多学科和多文化背景的专业人士生产制作，存在于具有表意及象征意义的音像之中，是制作人的知识、智慧和灵感在特定行业的物化表现。这种非物质的内容，既能传播知识和信息，又能弘扬文化，是知识产权的转移。

（五）政治属性

广播电视产业拥有较强的政治属性，是社会主义精神文明建设的重要阵地和载体，必须始终坚持"社会效益第一"原则。另外，广播电视作为精神文化产品，与物质产品一样都要遵循价值规律，通过市场来实现自身的价值，但同时它又与物质产品不同，要受政治、思想、道德等方面的制约和影响，必须重视精神价值的导向，力求实现二者统一。

（六）事业单位性

广播电视承担着把党和政府的声音传入千家万户的重要政治任务和满足广大人民群众日益增长的精神文化需求的公共服务任务。根据国家有关规定，现有广播电台、电视台和广播电视台全部为事业单位，各省成立的广播电视集团、广播电视总台也仍然是事业性集团或单位。

（七）高科技性

广播电视是科技进步的产物，在广播电视的采集、制作、播出、传送、接收等各个环节都包含了大量的高科技。每一次科学技术的变革，都直接对广播电视的生产力乃至生产关系带来深刻的变革。有线电视、卫星技术、数字技术、移动技术等的运用，极大地拓展了广播电视传播渠道，全面提升了广播电视传输、接收和播放质量，使广播电视实现了从单向传播向双向互动，从固定接收向移动接收并存，从单一接收功能向多媒体多功能信息终端等一系列重大的转变。

三、广播电视产业的分类

根据不同的标准可以将广播电视产业分为不同的类型[1]。

---

①杨国瑞.中国广播电视产业媒体融合研究[D].北京：北京交通大学，2017.

（一）根据产业分工进行分类

根据产业分工，可以将广播电视产业分为三大领域。

1.内容产业

内容产业具体包括广告、电视剧、影视动画、纪录片、节目制作等。

2.传输产业

传输产业具体包括有线、无线和卫星等。

3.会展产业

会展产业具体包括各项广播影视展览等，比如中国国际广播影视博览会、中国国际广播电视信息网络展览会，上海国际电影节、上海电视节、杭州国际动漫节等。

（二）根据产业内涵进行分类

根据产业内涵，可以将广播电视产业分为狭义和广义两种。

1.狭义的广播电视产业

狭义的广播电视产业包括广播电台、电视台、广播电视台、节目制作机构、传输机构等以制作、生产、播出、监测广播电视节目为主的组织，这些都属于第三产业范畴。

2.广义的广播电视产业

广义的广播电视产业还包括与广播电视相关的设备和软件制造业，包括第二产业相关范围。

（三）根据产业链条进行分类

根据产业链条进行分类，广播电视产业可以分为生产制作、交易销售、节目播出、节目传输、拓展衍生等。

1.生产制作

生产制作主要是指广播电视节目内容的创作、生产、制作，主要由民营制作公司、境外节目制作公司、国有企业、传媒上市公司以及个体等完成。

2.交易销售

交易销售主要是指广播电视节目从生产到市场流通的重要环节，此部分主要包括节目销售商等。

3.节目播出

节目播出主要是节目内容与受众见面的环节，此部分主要包括广播电台、电视台、新媒体平台等。

4.节目传输

节目传输主要是将节目从制作方或播出方传送至节目接收终端的过程，此部分主要有广电网、电信网、互联网、卫星网等。

5.拓展衍生

拓展衍生主要是广播电视节目价值进一步挖掘与创造的过程，这一部分主要包括衍生产品市场、增值服务市场和广告市场等，其主体主要有软件开发商、文化创意商、设备制造商等。

第二节　广播电视产业的数字化变革

一、广播电视技术的数字化

随着科学技术的日新月异，先进的计算技术、电子集成技术、通信技术迅速向广播电视领域渗透，广播电视技术正迎来一场革命性的变化——数字化。

（一）广播技术的数字化

1.广播电台设备及制播系统的数字化

随着数字技术的发展以及在广播领域的应用，广播电台的运作过程发生了前所未有的变化。广播数字设备如数字调音台、数字式话筒、数字声频信号处理器、数字矩阵、数字同步系统、数字微波收发信机、光缆及数字光端机、数字调制解调器、数字压缩及卫星传送等数字制作、播出和传送系统正大量被广播电台采用。数字声频工作站也在广播电台的节目录制、编辑和播出系统中得到普及。广播电台设备及制播系统的数字化，使数字声频广播的实现成为可能。

2.数字声频广播的出现

数字声频广播通过地面发射站，以发射数字信号来达到广播以及数据资讯传输的目的。数字广播除了传统意义上能传输声频信号外，还可以传送包括声频、视频、数据、文字、图形等在内的多媒体信号。与传统的广播服务相比，数字声频广播具有明显优势。

第一，数字声频广播能够减少声音失真，所播出的声音可与激光唱盘匹敌，没有杂音和干扰，甚至在地下停车场内也可以清楚收听，快速移动时接收效果好。

第二，数字广播在同样的可利用频段中，所能容纳的电台数量更多。

第三，数字声频广播能自主控制播放的进程。

第四，数字声频广播还可以对听众的情况进行监测，比如什么人在收听以及他们在什么时候收听，他们都在下载什么，他们认为播放的歌曲怎么样等。

（二）电视技术的数字化

电视的数字化是指在节目制作、集成、传输和接收的整个业务链采用数字技术替代模拟技术的系统工程。

1.前期摄录设备的数字化

电视的数字化最早体现在摄录设备的数字化上。数字摄像机和数字录像机在电视系统的运用已十分广泛。数字式摄录设备改进了模拟式摄录设备的信号记录、处理、储存等方式，其所采用的数字信号比模拟信号便于加工处理，可以长期保存和多次复制，抗干扰和噪声能力强，大大提高了电视节目制作质量。

2.新闻采集方式的数字化

数字技术与电子新闻采集（Electronic News Gathering，ENG）的结合产生了数字化新闻采集（Digital News Gathering，DNG）。数字化新闻采集是指在前期拍摄中以数字技术录制声音和图像，在后期采用数字化编辑方式进行新闻节目制作播出的工作方式。DNG以先进的数字技术为基础，以数码方式传送电视讯号，使更多数据可以在光纤的宽频带上传播。数字技术基础使DNG的前期拍摄更具优势。DNG在后期编辑时也能充分发挥数字技术的便捷优势[①]。

数字技术与卫星新闻采集（Satellite News Gathering，SNG）结合就产生了数字卫星新闻采集系统（Digital Satellite News Gathering，DSNG）。DSNG是新一代的卫星电子新闻采

[①]陈林侠，谭天.当代视听传媒系列广播电视概论[M].广州：暨南大学出版社，2013.

集系统，将新闻现场所采集到的视频及声频信号进行数字化压缩、调制处理后，发送到同步通信卫星，再经同步通信卫星转发回电视台总部，电视台可以直接转播或经过编辑后播出。

3.演播室系统的数字化

演播室是电视节目录制、制作的重要场所。随着计算机网络和三维图形软件等先进信息技术的发展，电视节目的演播室制作也发生了很大的变化，越来越多的电视节目开始采用虚拟演播室技术来代替传统的真实演播室的运用。虚拟现实技术是一种三维的、由计算机生成的、人可以漫游其间与之相互作用的模拟环境的技术，它既可以是某一特定现实环境的表现，也可以是纯粹构想的世界。虚拟演播室系统就是运用虚拟现实技术而生成的虚拟布景系统。与传统的演播室相比，虚拟演播室在技术上最大的特点是应用了虚拟背景，这个虚拟背景是通过计算机三维动画软件生成的三维结构图形，它能充分发挥电视编辑的想象力和创造力，使节目制作摆脱现实世界的局限，从而创造出一个千变万化、精彩纷呈的虚拟演播室空间[①]。

4.后期制作系统的数字化：从线性编辑到非线性编辑系统

线性编辑是一种基于磁带素材的编辑，对素材的搜索、编辑和录制必须按照磁带记录的顺序，一段一段进行。20世纪90年代，随着计算机技术的发展，非线性编辑系统被广泛运用于广播电视节目制作。非线性编辑系统主要是通过数字压缩技术将视频、声频素材数字化，存储在计算机硬盘中，然后利用视频编辑软件对数字化素材进行多种处理。非线性编辑系统中，编辑、特技、动画、字幕、声音等各种操作可一次完成，占用人员少，既节省时间，又简单方便，信号基本上无损失。非线性编辑不仅提高了内容检索与编辑速度，而且大大降低了因为磁带复制产生的信号损耗，提高了声音和画面的质量[②]。

5.电视播出系统与存储的数字化

在整个电视技术中，播出是一个承上启下的环节，对播出系统进行数字化改造是非常必要的，其中最关键的一步就是构建硬盘播出系统。随着计算机技术和视频压缩技术的发展，电视多媒体非线性技术、高速宽带计算机网络以及大容量数据存储系统给电视台节目的网络化存储、查询、共享、交流提供了可能。

数字技术能使以单机工作方式、以计算机为操作平台的各类系统（如非线性编辑系统、虚拟演播室系统、动画工作站、声频工作站等）组成电视台内部的一个局域子系统，

①吴玉玲.广播电视概论[M].北京：中国传媒大学出版社，2007.

②吴玉玲.广播电视概论[M].北京：中国传媒大学出版社，2007.

还可以在电视台内的各个制作、播出及管理等子系统，采用可传输多种信号的ATM网或宽带以太网拓扑成一个局域网，建立全台的宽带视频综合业务网络，实现计算机设备、多媒体设备的互联和信息交流共享，并支持各虚拟网络之间的信息交换，使台内与台外的网络之间互相连通，形成大的广域网。20世纪90年代末期，英国广播公司率先在全球建立起了"哥伦布"系统。这个系统使得BBC的电视节目储存编辑、播出全面实现数字化。目前，我国省级以上广播电台电视台80%实现了数字化，中央电视台、重庆电视台等单位已基本完成了数字化改造，并进入了网络化应用阶段。这不仅提高了工作效率和质量，还为今后的产业发展打下了良好基础①。

6.电视传送系统的数字化

节目的传送是电视台技术工作的重要一环，广播电视技术的数字化在传输方式上，主要表现在微波、线缆、卫星三大广播电视信号传输方式的数字化。

（1）微波方面

近年来，数字微波设备的研发已取得了实质性的进展，相关的传输标准也已成形，微波的数字化改造正在进行。目前大连市等许多省市已经完成了微波的数字化改造。

（2）有线方面

面对国际互联网和数字卫星电视的巨大冲击，各有线电视公司采用数字压缩技术和高效数字调制技术对现有基础网络进行数字化改造。由于在一个常规模拟电视频道中可以传输8~10套数字压缩的标准电视节目，所以有线电视网络具备了开展数百套数字电视节目和开展诸如视频点播（VOD）类高级视频业务的能力。另外，有线电视网络还能提供诸如远程教育、远程医疗、家庭办公、网上商场、网上证券交易、会议电视、物业管理等多种类型的宽带多媒体业务，实现多种信息、多种业务的传送，给有线电视网增加了更多的服务空间，并发展成为大型的宽带网络的典范。

（3）卫星方面

目前，卫星传送的数字化已在全球形成了热潮，缩小蓝天，联通四海，多频道服务，成为覆盖全球的数字卫星电视网的最好写照。2003年底，中央电视台和其他省台节目均已实现数字传输，这不仅扩大了中央和省级节目的覆盖面，也提高了覆盖质量。

7.数字电视机

数字电视的技术优势首先是基于数字信号基础的高质量影像和伴音。根据电视的成像原理，电视节目制作、传递和接收的画面质量是由电视信号的编码方式决定的。美国研发的数字式编码方式，则是以间断的数码方式传递电视信号，接收者再将一组组数码复制出

---

①吴玉玲.广播电视概论[M].北京：中国传媒大学出版社，2007.

来，从而完成电视信号的传递任务。由于数码的复制可以做到准确无误，因而在传递过程中图像不会受到损耗，保证了图像的质量。同时，由于数字电子技术的基本特征是以高度压缩信息量和离散的方式快速处理信息，数字式电视可数十倍地缩小图像信息的体积而保证信息量不变。用户一旦享受这种技术，一台电视机可同时接收500套节目。另外，数字电视不仅可单向传送节目，还可通过按次付费、轮播、按需实时点播等服务形式，提供多种新形式程度不同的互动式服务，使人们由被动收看变为主动选择，从而使观众在观赏电视节目时拥有更多的选择权。

（三）广播电视数字化设备技术

1.SDN与NFV技术

软件定义网络与网络功能虚拟技术，简称SDN与NFV技术，它是数字化技术在广播电视媒体传播中的重要应用体现，也是实现广播电视数字化有效运用的重要途径。其中，SDN技术的核心内容，是通过建立新型网络架构，通过数字虚拟化的方式，实现对数字化信息的自主控制权，提高数字化信息传输的智能化。而NFV技术的核心内容，是利用通用性硬件，在虚拟化技术的帮助下，实现多个软件的处理需求，能够有效降低数字化设备的投入成本。要发挥广播电视数字化设备技术的作用，需要通过SDN与NFV技术，扩展数字化设备技术的功能与服务，在云计算技术的帮助下，实现数字通信网、传统电信网与广播电视网三网融合。合理利用数字化技术的安全性与便捷性，充分发挥其技术优势，为广播电视媒体优化服务提供更好的技术条件。此外，就广播电视发展而言，数字化技术的软件化与虚拟化，能够帮助管理系统构建控制层、分析层与应用层，简化信息处理流程，提高工作效率。在这种应用背景下，数字化设备技术的功能性与服务性更强，能够在多个方面发挥技术优势，在一定程度上控制人力资源的投入，优化广播电视传播系统。

2.实现设备技术诊断

数字化设备技术在广播电视传播中的应用，不仅需要实现工作资源的最优化配置，更需要在第一时间发现相关设备的故障，对设备的相关数据进行整理分析，从而保证广播电视传播内容的质量。一般情况下，广播电视媒体都会有一支专业水平较高、结构较为完善的设备维修团队，负责数字化设备的维修、护理工作。但在实际工作中，数字化设备的电路复杂，检修工程量大，需要投入很多的人力、物力、财力。且工作质量及工作效率不高，很多问题无法得到根本解决，阻碍了广播电视的数字化发展。

数字化技术在广播电视中的应用环节，应注重对数字化设备故障的自动诊断，帮助解决突发状况。在故障分析的过程中，合理地运用数字化技术对设备的故障进行检测判断，能够尽量缩短具体故障原因的分析时间，并及时采取相应措施。对发生的故障问题要做好详细记录，与相关数据进行比对分析，降低故障再次发生的概率，提高问题解决效率，避免因设备故障影响新闻传播内容。

3.保证数据传播质量

在进行广播电视传播过程中，利用数字化设备技术能够提高数据传播安全质量，保证其合理性、有效性。在实际应用过程中，一方面，要加强对传播内容的自动化控制，对其传播精准度及地点布置进行合理安排，实现对地方广播电视部门管辖范围的全方位覆盖。要在区域内的重点位置进行传播测试，通过对相关信息的全面收集，保证广播电视数据传播工作的顺利进行。

另一方面，要提高传播数据的准确性，革新数字化设备技术，建立完善的传播数据测量体系，保证其科学性、合理性，降低数据在传递过程中的误差影响。加强有关部门的人员沟通学习，解决实际传播工作过程中遇到的问题，完善自身专业传播技能。构建传播信息数据库，实行传播信息内容的科学分类，方便传播人员对相关信息的查找应用管理。提高传播数据的准确性，邀请专业机构对其广播电视媒体系统进行评估，对数字化设备技术进行有效性分析，保证广播电视的传播质量。

4.数字地球数据整合

随着计算机水平的不断提高，包含了社会、经济、文化等各方面的数字地球系统日渐完善，可以利用互联网技术，将数字地球系统应用到广播电视传播工作中。在实际应用过程中，要注意的是数字地球所包含的数据信息及数据覆盖面极其庞大，需要各部门加强相关数据交流，利用各种先进技术，完成对相关信息的整理利用。数字地球理念可以对各项数据进行统一整合，将数据信息集中，形成更为多元化的资源形式。顺应了数字化设备技术发展要求的同时，使得相关媒体个人与单位对相关数据的利用更加方便、快捷。想要更好地利用数字地球进行广播电视数字化数据整合，不仅需要相关部门的支持，更需要现代化科技的辅助。利用多样化的科学技术手段，实现对媒体单位或个人所需数据的精准化提取，形成相对自动化的框架体系。在保证媒体数据信息精确性的同时，为数字地球全面普及打下夯实基础。

5.完善数据流通加密

在数字化技术发展背景下，广播电视数据传播应做好信息流通加密设置，防止不法分子对数据信息内容进行篡改、获取，有效降低安全漏洞对广播电视信息安全的影响。数字化签名技术就是对信息数据内容进行认证的技术，它的实现原理类似于纸质版手写签名，通过数字化文档在上面进行数字签名。数字签名技术能够对所有接收到的信息进行验证辨认，其内容不可伪造，是现代网络通信过程中的重要安全保护系统。在实际运行过程中，接收者能够验证文档是否来自签名者，并对签名后的文档修改情况进行检测，切实保证信息的真实性和完整性。在现代自动化指挥系统中，数字签名技术的数据不可抵赖性、私密性以及完整性，使其可以安全地传送作战指挥命令和文件。以 MD5 算法为例，一般在信息数据传输过程中，为了防止文件内容被篡改，会将 MD5 算法加入文件内容中进行加密。一旦文件内容有所改动，MD5 加密后的值就会发生改变，工作人员就可以判断文件内容的安全性。

就某些方面而言，数字化设备技术的应用弥补了传统广播电视传播中，关于传播内容不完整的缺陷，能够满足不同情况的数据传播需求，提高相关信息的传播质量。强调广播电视数字化设备技术分析，引进更加先进的数字化技术，推动智能化发展进程，是广播电视媒体行业的未来发展道路。

（四）数字化广播电视的优势

数字化广播电视技术能够实现区别于模拟广播电视技术更好的音视频传输效果，更大的节目传输容量，更为快捷方便的广播电视服务。与此同时，数字化广播电视具有更为强大的抗干扰的能力。数字化广播电视技术的优势如下。

1.更为简单的实现方式

数字化信号传输本身的处理电路十分简单，不必像模拟电路那样需要做出各类调整，所以数字化信号的处理电路工作更为稳定。同时，广播电视要做到数字化传输，在硬件上不必做到全部更换代替。模拟信号转换为数字信号，只需要基于以往的模拟信号加装一个机顶盒就可以了。对于大众用户来讲，这种实现方式不仅简单便捷，而且能够很大程度降低大众更新迭代的成本。数字广播电视技术短时间内也能够得到较大程度的普及，实现从模拟广播电视到数字广播电视的过渡。

2.更为丰富的节目资源

数字化广播电视技术在更恰当整合原有资源的同时，也能够将互联网资源引入广播电视当中。数字化广播电视技术和互联网资源都是采用0、1编码进行储存处理的。二者处理方式一致也就使得数字化广播电视能够实现互联网资源的引入。这对于数字化广播电视来说，能够吸引更多的用户，提高数字化广播电视的普及度。

3.更强的抗干扰性

天气因素、障碍物阻碍等都能成为信号传输过程中难以避免的影响因素。这种影响在以往的模拟广播电视传播中体现得尤为明显。传统的广播电视节目接收时，受到雷雨天气的影响较大，在雷雨天气，会出现声音有混音、电视图像闪烁不定等现象，影响广播电视的节目播出效果，从而影响大众的观看体验。而数字化传输能够通过判决再生的方法对传输信噪比进行调整纠正，从而能够做到长距离高质量的信号传输。所以信号传输过程当中所受的干扰极大减少，对雷雨天等不利影响因素有相当强的抗干扰能力。

4.更优质的音视频显示质量

数字化广播电视接收端的图像能够做到与发射端的图像相当，从而实现无损耗传输。与模拟电视相比，数字电视要实现数字化广播电视传输所需的发射功率相对更低。而且在相对较低的发射功率下，能够实现相同范围的传输信号的覆盖。同时，数字化广播电视技术能够做到等同于传统的广播电视4倍以上的图像清晰度。因而数字化广播电视技术能够获得图像更为逼真，色彩更为显眼的高质量的音视频体验，更好满足大众需求。

5.更简便的储存方式

由于数字化广播电视的数字信号是由0和1组成的，同时会进行相应的压缩编码，因而在数字化广播电视当中，数字信号是能够直接储存的。数字信号相比模拟信号占用空间更小，这也就意味着数字化广播电视技术能够在同等空间下实现更大更多的储存容量。

二、新技术条件下广播电视产业的产业融合

（一）广播电视产业融合的条件

1.技术融合

技术融合是广播电视产业融合的前提条件。20世纪90年代开始的数字技术使产业之间的技术分离状况得以改变。由于数字技术将数据、图像、声音、文字等信息形式都可以压缩成数字形式，通过光纤、网络和卫星等进行传输，数字技术已成为当前一切信息资源形态和媒体形态的基础。以往使用唱片或磁带等不同电磁模拟性介质存储的内容，在数字化技术中，均可以被赋予一种高保真的数字化形态，从而使语音、广播、电视、电影、照片、报纸、图书、杂志以及电子货币等信息内容融合为一种传输与显示模式，这为与信息有关的一切产业提供一个统一的存储、加工和传播平台，并为以前基于技术、立法和利益分配等原因互相独立的广播电视与电信、互联网的产业融合提供了技术基础。

2.个性化服务需求

随着社会文明的进步和效率的提升，个人的自主时间价值不断提高。模拟电视时代观

众作为一个群体，通过间接付出共时观看节目的状况将逐渐减少，收视过程更直接地表现为购买行为。此外，随着新技术的发展，互联网正由窄带运营模式向宽带运营模式变革，用户的需求变成信息、商务、交流、娱乐的综合需求。受众需求的变化，使原来封闭的自成系统的产业模式难以适应时代的要求，产业间的融合发展成为必然之路。

3.政策管制放松

如果说业务拓展需要是产业融合的内在原因，那么政策管制的放松则为产业融合提供了外部条件。为了让企业在国内和国际市场中更有竞争力，产品占有更多的市场份额，实现其种种经济目标和政治目标，一些发达国家放松管制，取消和部分取消对被规制产业的各种价格、进入、投资、服务等方面的限制，为产业融合创造了比较宽松的政策和制度环境。

（二）广播电视产业融合的影响

第一，产业融合不仅打破了广播电视业原有的产业布局，颠覆了原来的媒介运作形态，促使原来的组织结构产生了分化，新的经营主体逐渐被分化出来，并成为媒介市场中的重要力量。

第二，产业融合催生"电信媒体"，形成全新的竞争格局。目前电信网络正从单一语音传输向多媒体信息传输方向演变，特别是宽带互联网的规模化发展，使电信运营商在面对巨大挑战的同时，也面对巨大的市场机遇。在向综合信息服务提供商转型的过程中，传统电信运营商的业务模式也在不断发生变化。例如，英国电信公司利用电信业在互动媒介市场中的优势，插手大众传播，动用了150家内容制作商，它向用户提供了一项综合性的信息传播服务，组成了综合性的巨型媒体。在我国，近两年来见诸各大中小媒体的中国移动公司也开始将自己打造成新兴媒体。中国移动先后与滚石、BMG、百代、哥伦比亚唱片、迪士尼、上海文广传媒集团、美国维亚康姆公司的MTV、新闻集团及星空卫视传媒集团、凤凰卫视签署合作协议。

第三，电信网络与广播电视产业的融合，创造了一个新兴产业群，如播客、网络电视、手机电视等数字新媒体的出现，为现代广播电视产业创造了一个新的发展空间。

（三）广播电视产业融合发展的战略选择

1.确立产业结构高级化理念，集约式发展

对广播电视产业而言，一项不变的主题就是发展，而广播电视产业最终也会朝着产业结构高级化方向发展，说明产业的附加值化、技术化、节约化程度越来越高。由于广播电视产业是知识密集型产业当中的一类，在广播电视产业当中使用高新技术关乎其自身的发展与生产，并且还会推动广播电视产业结构的高级化。另外，我国传媒的主要收入来源于广告，但其极易由于经济出现波动而被影响，因此对传媒所经营的范围予以拓宽，能够让收入渠道增加，进而提升收入，使得市场风险能够维持平衡的情况。近几年来，我国广播电视产业方面的外延明显扩大，其已深入多个行业，如IT、电信、零售、物流等，可以说中国广播电视产业处于稳定增长状态。为此，需充分发挥广播电视产业主业优势，进行多元化经营，对产业化链条予以拓展，沿着强相关—弱相关—不大相关的路径，进入不同领域，如广告、物流等，实施集团化、产业化发展。

2.加强内部精细化管理，提高经营效率

首先，加大精细化管理的力度。在管理广播电视产业的过程中采用最优化、最经济的手段，从粗放式管理陷阱中走出来。从人员管理、市场营销、业务操作、制度执行和领导决策等方面对广播电视产业的精细化管理进行全面推行；其次，提高经营效率。效率集中是对传媒核心竞争力的体现，对传媒业推动内涵式发展有着尤为重要的作用。为了有效提高传媒经营效率，必须加快传媒业产权改革的步伐，建立现代企业制度，建立健全法人治理结构，提高传媒服务的效率化和专业化；再次，强调资本节约。新时期，广播电视产业的健康发展受到了传统的高资本消耗型发展方式的阻碍。中国广播电视产业应与时俱进，减少资本占有率，通过现代高新技术，来确保成本能够得到有效节省，通过外包的方式来开展业务，进而来对支出予以缩减，使得资本节约型传媒能够进一步加快建设速度；最后，加大对企业员工的激励力度。传媒企业可以通过制定并完善相关规章制度以及激励措施，能够更为有效地对企业文化进行建设，使得科学的管理方式能够应用到实际的管理工作当中，进而提升员工的工作积极性，并使得成本能够得到有效降低，并对产品质量进行完善，最终实现进一步提高生产效率的根本目的。

3.继续推进传媒体制的深化改革、基本运营

虽然我国传媒政策红利呈不断上涨趋势，但广播电视产业能否发展得更好还取决于是否深化改革文化体制，是否明晰传媒市场主体，能否自由配置传媒资源。所以新时期，政府应在改革广播电视产业的产权上不断推进，让产权结构更加多元化，对广播电视产业的投融资政策进行完善，将广播电视产业金融服务体系构建起来，建立科学合理的传媒无形资产评估体系与专门评估机构，对媒体无形资产的评估进行规范，以良好的氛围保障广播电视产业的顺利发展。

综上所述，产业融合趋势下，中国广播电视产业在选择发展路径上必须同时将社会效益和经济效益考虑到，提升广播电视产业自身规模的扩张与竞争实力，而这也是由中国所处的特殊阶段与中国广播电视产业的特殊属性决定的。

第三节　广播电视产业媒体融合动因分析

一、产业技术驱动

（一）基础网络

目前，我国城镇化进程持续加快，在这一背景下，为了提升城镇居民的网络体验，各个网络运营企业开始进行大规模的网络改造，光纤网络得到了进一步普及，同时随着网络电视、超清视频等新型广播电视业务的出现，对宽带速率有了更高的要求，这也在一定程度上促进了我国宽带速率的迅速提升。广播电视网络原来的技术优势逐渐丧失，广电网、电信网的专用性特点逐渐消失，正在逐渐向通用性网络转变。

（二）移动网络

移动网络技术在当今社会获得了迅猛发展，而这就为媒体融合的发展提供了有力的推动。当前最为常用的移动网络连接方式为Wi-Fi，Wi-Fi是一种利用WLAN技术进行网络连接的技术，当前在全世界范围内，超过90%的宽带运营商都进行了Wi-Fi网络的布设工作，中国作为移动网络的最大市场，Wi-Fi网络的布设工作开展迅速。

（三）云计算

云计算是一种以网络为基础的计算模式，云计算的应用能够有效提升信息资源的分配效率，进而有效降低管理难度，减少管理成本。在广播电视行业，应用的云计算技术主要包括云存储、转码、分析等。云计算的应用需要各种软件资源、硬件资源的支持，同时还需要一定的信息共享条件。云计算技术的应用为智能应用的发展提供了良好的基础条件，云计算技术的出现为智能社会的快速发展和实现提供了保障。近些年，云计算在广播电视行业的应用已经越来越普遍，以云计算技术为基础的云视频也获得了非常快速的发展，在这一技术条件下，无论用户使用何种终端设备都能够从云端获得相同的视频内容，广播电视节目与各种不同用户终端之间的适配性大大提升，进而使得平台的兼容性大大提升，平台可以支持各种不同种类的终端设备的访问。

（四）大数据

大数据是一种资产，具有数据量大、增长率高、多样化等特点，当然，大数据只有在经过科学的处理后才能发挥作用，其主要的作用表现在决策辅助、流程优化等方面。当前，部分媒体企业已经能够将大数据技术逐渐运用到新媒体运营方面，并且仍旧在继续探索大数据技术在广播电视行业的深度应用。

（五）终端技术

终端主要包含移动终端和固定终端两种。

1.移动终端

移动终端主要包括智能手机、平板以及一些可穿戴型设备等。其中使用最多的是智能手机和平板，同时也是更新升级速度比较快的两类设备。可穿戴型移动终端设备主要包括智能手表、智能眼镜等，其核心技术主要涉及操作系统、人机交互、传感器等多个方面。随着电池性能、蓝牙技术水平的提升，以及Wi-Fi技术的提升和功耗的降低，智能可穿戴型设备迎来了发展高峰，其功能在不断完善，应用普及率也在不断提升。

2.固定终端

这里所说的固定终端主要是指一些大屏幕类的智能终端，比如智能电视，与之相关的主要包含操作系统、终端显示等方面的技术。随着终端显示技术的发展，各种终端设备的像素水平不断提升。

（六）新平台技术

1.微信平台

微信是一款由腾讯公司开发的，可以在各种不同类型的智能终端稳定运行的，能够为用户提供即时免费通信服务的一个应用程序。微信支持语音、文字、视频、图片等多种信息传递方式，已经成为当前广播电视机构应用频率最高的一种融合传播平台，各大广播电视机构利用微信进行节目信息传播、话题制作等，并且取得了非常良好的效果。

2.微博平台

微博即微型博客，用户可以在微博平台上发布消息，并且通过微博关注功能来实现简短信息的实时分享，以及信息传递、信息获取等。微博用户还可以运用Web、WAP等建立个性化的个人社区，并且利用平台发布相应的文字信息，实现信息的即时分享，但是对文字数量有要求，不能超过140个字。微博的关注功能可以进行单向、双向设置。虽然微信功能的不断发展，使得微博的用户数量出现了一定程度的下降，但是其影响力仍旧不容小觑，各大广播电视台几乎都在微博上开通了官方账号，希望以此来提升自身的知名度和影响力。

3.客户端平台

客户端其实就是我们所说的用户端，通常是指那些与服务器相对应，并且保证平台能够为客户提供相应服务的程序。客户端一般被安装到客户机上，并且需要在服务端的支持下才能顺利运行。随着智能手机的普及程度不断提高以及移动网络的快速发展，各种移动客户端已经成为当前活跃程度最高的，具备互动、经营、传播等多项功能的平台。

4.二维码平台

二维码是一种利用特定的图形，遵照一定规则进行图形分布，并且利用图形信息来记录数据信息的方式。二维码的代码编制以计算机0和1比特流的逻辑方式为基础，通过相应的几何形体与二进制代码相对应，从而达到利用图形信息来记录文字信息的目的，二维码图像识别需要依靠光电扫描设备进行，而当前的智能手机基本都具有二维码图像识别的功能。随着二维码技术的不断发展，二维码已经成为当前各大广播电视机构比较常用的一种融合传播社交平台。

二、产业体制驱动

从当前的媒体融合发展情况来看，体制问题已经成为当前制约媒体深入融合发展的一大因素，只有尽快加以解决，才能推动媒体融合工作的进一步开展。

（一）空间结构

近年来发展迅猛的一些互联网公司，如腾讯集团，凭借其灵活有效的发展机制，发展规模已经超过了广播电视产业的规模。广播电视产业想要在媒体深入融合的过程中获得发展，必须做好产业空间链的重整和布局。

（二）供需机制

从电视台的角度来看，台网分离导致其失去了原来的网络传播渠道；从当前媒体融合的角度来看，台网分离造成传统广播电视媒体的资源出现了一定的弱化，从而降低了其在当前时代背景下的竞争实力；而从有线网络公司的角度来看，由于节目版权问题，台网分离削弱了其节目资源再利用的能力。由此可见，广播电视产业链应当根据实际需求建立更加完善的供需机制。

（三）主体属性

从当前发展情况来看，虽然部分广播电视台为了适应新媒体行业的发展需求成立了采用现代企业管理模式运营的新媒体公司，但是限于广播电视媒体的主体属性，其仍旧无法摆脱事业单位的体制限制，以致影响了广播电视媒体的融合发展速度。因此，想要以广播电视台作为媒体融合的主体，需要进一步开展传统媒体机制体制的改革工作，使广播电视台能够尽量回归其产业属性，这样才能充分发挥广播电视台的各种资源优势，促进媒体深入融合工作的顺利开展。

三、产业竞争驱动

广播电视媒体面临的产业竞争主要来源于新媒体、国际竞争、系统内部挑战三个方面。

（一）新媒体的挑战

随着4G技术的成熟推广，以及5C技术的初始应用，网络已经在社会大众的工作生活中占据了无可替代的地位，而在这一形势下，如果传统媒体不能积极主动地谋求改变，就必然会被市场淘汰。当前，由传统媒体主导开办的各种新媒体，虽然在内容方面具有一定的优势，但是其影响力远远不如当前主流的一些视频平台。广播电视媒体的发展面临着来自新媒体行业的巨大挑战。

（二）国际竞争的挑战

随着信息全球化的不断发展，媒体全球化也早已实现，迪士尼、BBC等国际著名的传媒企业已开始在全世界传媒市场中抢夺客户和市场。

（三）系统内部的挑战

随着媒体深入融合工作的持续开展，中央、省级广播电视台的媒体融合工作已经取得了有效的进展，而地市级、县级的广播电视媒体，由于实力较弱，资源也相对不足，因此融合工作开展并不顺利，仍旧存在节目内容同质化严重的问题，尤其在一些重要的节日或者重大活动开展时，各个电视台不能有效凸显自身的个性化特点，节目吸引力不足。

四、产品市场驱动

产品市场驱动主要涉及信息发布、大众消费习惯、广告市场和资本市场的挑战等方面的内容。

（一）信息发布

传统的广播电视媒体很难做到即时发布新闻消息，而新媒体平台几乎不会受到时间和空间的限制，因此能够快速及时地发布相应信息，所以能够很容易做到这一点。因此，这就使得新媒体在媒体市场竞争过程中占据了很大的优势，同时也给广播电视媒体的发展带来了很大的挑战。

（二）大众消费习惯

社会大众长久以来主要通过报纸杂志、电视、广播等途径来获取信息，而网络普及之后，大众的信息获取习惯也发生了非常大的改变，用户可以利用各种终端设备主动搜索自己感兴趣的信息。随着微博、微信等成为主流的信息传播方式，每个用户都能够成为信息的发布者和传播者。

（三）广告市场

广播电视行业最主要的收入来源就是广告，但是，从广告市场的整体情况来看，国内广告市场的整体份额并未出现大幅度增长，而各种新媒体平台在广告市场当中的份额却在逐渐增加，这就导致广播电视企业的广告收入逐渐减少。

（四）资本市场

从当前的行业发展形势来看，资本已经成为当前媒体深入融合发展中最为主要的推动力量。阿里巴巴收购优酷、土豆，等等，都展现出了资本在媒体融合发展中的巨大作用。当前，新媒体产业的发展速度迅猛，而在这种形势下，广播电视媒体已经失去了在资本市场竞争中的主体地位。

第四节　广播电视媒体产业链的构建

一、产业链和广播电视媒体产业链的概念

"产业链"概念来自产业经济学。产业链是各个产业部门之间基于一定的技术经济关联并依据特定的逻辑关系和时空布局关系客观形成的链条式关联关系形态。产业链是同一产业或不同产业的企业，以产品为对象，以投入产出为纽带，以价值增值为导向，以满足用户需求为目标，依据特定的逻辑联系和时空布局形成的上下关联的、动态的链式中间组织。

产业链是各企业围绕某种产品或主导产业发展的企业集合，这种集合以企业间的关联为基础，以价值增值为目的而形成有逻辑顺序的"上游开发、中游扩展、下游延伸"链条关系。作为源头的产业链上游，包括产品的研发与设计等；中游是对上游产品的加工、组

装、制造等；下游面向市场，包括产品销售渠道、品牌和服务等。产业基于宏观角度是对产业内企业集合的整体把握。产业链是企业的集合，企业是产业链的载体。据此逻辑，可以说产业链是基于相对微观层面，深入产业链具体环节上的各企业之间的关联，以判断产业是否健康发展。产业链的"落脚点"是企业链，产业链的实质就是企业之间的关联，具有整体性、增值性、层次性等特点。在如今市场竞争中，各行业和各企业之间的分工越来越明显，企业个体受自身条件的限制难以单独完成产品开发、生产、销售等一系列环节。因此，企业的发展需要与其他企业进行合作，充分利用各自优势，建立战略合作关系，最终实现共赢。在此过程中逐渐实现产业链构建。

广播电视媒体产业链是对产业链的扩展，广播电视产业化发展以产业链的构建为基础，以广播电视媒体为载体。广播电视媒体发展影响广播电视产业链构建，进一步影响广播电视产业健康发展。广播媒体和电视媒体均以节目为核心，两者的产业链相似，因此本论文将广播媒体与电视媒体的产业链作为单个整体即广播电视媒体产业链进行研究。狭义的"广播电视产业"是包括与广播电视节目生产、流通、销售等相关的企业集合，广义的"广播电视产业"不仅包括狭义的广播电视产业所含有的内容，还包括与广播电视节目相关的制造业。为把握广播电视产业链中的核心业务，本论文基于狭义的"广播电视产业"角度定义"广播电视媒体产业链"：指围绕广播电视节目内容研发、生产与制作、节目交易与销售、播出、网络传输和衍生产品市场开发等一系列环节而形成的各企业之间的链条关系。

受新媒体技术发展的影响，由以上各环节构成的广播电视媒体产业链会发生一定变化，在节目播出环节不仅仅是电（视）台，还有 IPTV、手机播出平台等；在网络传输环节主要由广电网、电信网、互联网等传输；同时在市场拓展环节除广告市场和衍生品市场外，还有增值服务市场。广播电视媒体产业链较为完整的纵向构成要素具体如下：

（1）广电节目内容研发：广播电视媒体产业链的源头，为中下游提供源泉；

（2）广电内容生产与制作：使广电节目内容转化为具体表现形式，实现广电节目从无形向有形转变。国内的内容提供商主要有电（视）台、民营制作公司和境外电视节目商，此外还有国有企业、传媒上市公司以及个体等；

（3）节目交易与销售：使广电节目面向市场，是实现节目从生产到市场流通的重要环节；

（4）节目播出：节目内容与受众见面以实现节目价值的关键环节。我国的播出平台主要有有线电视（电台）传播、卫星直播、付费频道、IPTV以及手机电视传播等；

（5）网络传输：主要有有线网络、广电网、电信网等；

（6）市场拓展及衍生品开发：对广电节目价值进一步挖掘与创造，衍生产品市场、增值服务市场和广告市场等。

二、我国广播电视媒体产业链的特殊性

我国广播电视媒体一方面具有经济属性、产业属性，改革开放以来，对其实行的是"企业化管理"，逐渐被推向市场，通过市场化运营为广播电视媒体创造经济价值。另一方面，我国广播电视媒体作为党政、人民的喉舌及"社会公器"，肩负重要的社会责任，具有政治属性、社会公益性。广播电视媒体是构建广播电视媒体产业链的载体，因此相应的广播电视媒体产业链同样具有这些属性特征，特殊属性使其与其他产业链相区别。随着我国广电体制逐渐深化改革，我国广播电视媒体走产业化发展道路势在必行，在这一过程中，政府管制同样存在，如对传媒内容的把控、对传媒上市有明确规定等，政府与市场彼此之间的博弈共同推动我国广播电视媒体产业链的构建。政治与产业的双重属性要求我国广播电视媒体产业链链上的广播电视媒体应实现经济效益和社会效益双赢的目的。

我国广播电视媒体产业链的构建主要是围绕广电节目内容而进行，构建的核心是广电节目内容，而广电节目内容作为传媒产品，看不见摸不着，具有无形性，且能被重复使用，具有价值增值性；含有创作者的意识，作为精神产品，具有意识形态属性，发挥重要的社会舆论导向作用，在中国特色社会主义制度的背景下，政府对此进行把控。我国广播电视媒体产业链上的广电企业在接受市场化发展时受到政府的管制，其中上市是我国广播电视媒体市场化运作的重要表现之一，对此要求广播电视媒体将经营性资产剥离出来面向市场，进行上市，接受市场化运作；不允许外国资本注入我国广播电视产业；有限制地允许广播电视媒体上市……这些对传媒上市公司的严格管控使"广电系"上市公司与一般的上市公司相区别。我国广播电视媒体市场化运作受到政府力量的影响。

三、构建与优化我国广播电视媒体产业链的途径

我国广播电视产业发展已成规模，广播电视媒体产业链得到构建，但在市场运作和市场效果方面还有待提高，在媒介经营与管理上存在不足。广播电视媒体作为广播电视产业中的市场主体，针对以上现存的问题，应从自身发展角度出发提出相应的对策；受行政因素制约，政府同样也应做出努力，共同优化与完善广播电视媒体产业链，发挥产业链的价值增值效应，促进我国广播电视产业协调、稳定、有效、健康发展。

（一）整合横、纵向产业链，增强广电上市企业核心竞争力

产业链横、纵方向的延伸并不在于越长越好，在横纵方向上不断延伸时复杂了链条上各企业之间的关系，增加了管理成本和管理难度，如何处理好这些问题是产业链延伸的关键。电广传媒曾经因乱铺摊子，投资过多行业领域，在横纵方向上过度延伸引起经营管理等问题，成为资不抵债的传媒股，是盲目投资的典型教训。后通过整合已形成"网络+节目+广告"三大核心业务，以此为发展重心。

产业链的延伸与拓展建立在竞争优势的基础上，以关键环节为核心，实现广播电视媒体资源的优化配置，促进我国广播电视产业可持续发展。而盲目地追求产业规模化最终导致优势不明显，竞争力不突出，不利于有效控制与管理。从广播媒体产业链的整体角度来看，各广播电视媒体彼此较为封闭、分散，在区域联系与合作方面还有待进一步增强以达到竞合状态。尤其在网络传输和播出平台环节上，"三网融合"推广前电（视）台一直处于垄断地位，在受到新媒体技术的冲击下还心存希望保持这种稳定的垄断地位，向其他媒体有限开放播出权限。以此为鉴，我国广播电视媒体产业链应整合横、纵向产业链，加强广播电视媒体产业链上中下游中企业之间合作，使上游节目内容研发与生产有相应的传播渠道和播出平台，让节目内容流向市场；增强企业核心竞争力，优化当地的市场资源优势，加快形成统一、流动的广电传媒市场。

"广电系统"上市公司可以说是我国广播电视媒体产业链中的龙头企业，他们在广播电视产业中发挥龙头作用和辐射带动效应。因此他们要形成并增强自身的核心竞争力，占领产业链中市场拓展这一利润制高点，打造传媒品牌。在增强核心竞争力方面，主要围绕节目内容与受众两方面核心能力进行横向、纵向产业链整合，实现与"广电系"上市公司资本经营的有机结合。在广电企业资本经营与管理水平方面，根据上市公司能力投资相关多元化业务，集中资源发挥自身独特优势，形成并增强企业核心竞争力，在此基础上再考虑非相关多元化业务投资。

我国广播电视产业的发展历程不够长，整体经营管理水平有待提高，重点应是将精力放在与自身相关的行业中，实现与资本的有效结合。在核心竞争力增强的基础上应构建广电传媒品牌，包括频道/频率品牌、节目品牌等。品牌的形成有助于广播电视媒体公信力和知名度的增强，具有个性化、整体性、长期性、系统性等特征，通过品牌的延伸更能扩张或推广更多的新产品类别，从而又成为新的利润增长点，提升核心竞争力，为广播电视媒体盈利。

（二）建立完善、有效的广电内部激励约束机制，兼顾"社会公器"角色

多重委托代理关系的存在要求上市公司在公司治理方面做出努力，内部需建立完善、有效的激励与约束机制，制衡内部各关系主体行为。广播电视媒体的社会公信力是其市场发展的核心竞争力，多重委托代理问题易削弱其社会公信力，对广播电视媒体的生存与发展构成威胁。他们在上市后更期望能有相应的机制约束纯以盈利为目的的行为。"广电系"上市公司内部有必要建立健全的约束机制。由于委托人与代理人在利益上存在不一致，而彼此利益协调是委托代理关系维持的前提，因此也应建立合理的内部激励机制，使委托与代理双方共同受益。

"广电系"上市公司在资本市场运作中涉及与政府、企业和市场三者之间的关系。

在委托代理关系上是复杂的，上述所说的委托人（"广电系"上市公司所有者）与代理人（业务经营者）之间的委托代理关系，经营者在经营的第一线，充分了解市场与经营状况，而上市公司所有者若不管代理人的努力过程而重盈利结果，未给予相应的报酬使总经理作为经营的决策者，可能会利用双方信息不对称因素产生道德风险，这要求建立相应合理的报酬体系激励经营者服务于委托人使经营者受益；其次，"广电系"上市公司的大股东或控股股东与中小股东之间存在委托代理关系，这样"一股独大"易引起大股东侵占中小股东的利益，董事会与监事会的设立是对此的监督，但实际上有些上市公司形同虚设，因此要真正践行监事会的监督机制功能，约束大股东不良行为。发挥政府一方在其中的监督与服务功能，减少对企业管理的干预，做好信息"把关人"，为其提供良好的市场环境。此外，可利用信息公开化约束经营者行为，通过外界因素加以制衡。

建立并完善相应的激励、监督约束机制关系到委托代理关系的维系。监督与约束是为了使广播电视媒体发展在上市、接受市场化的过程中不要忘记本身所应有的"社会公器"角色，以免被经济利益冲昏头脑。激励机制是为了让媒体能更好地产业化，增强市场竞争力与活力，两者并驾齐驱、双管齐下，从而充分让广播电视媒体真正转企改制，使广播电视媒体既具有事业单位属性又具有产业属性。

（三）追溯产业链上游内容研发环节，构建较为完整的节目内容产业链

数字化、网络化技术发展的趋势使传播渠道瓶颈问题得到解决，政府也在推进"三网融合"政策的贯彻执行。广播电视媒体在网络传输和播出环节上的市场竞争地位受到新媒体发展的冲击。因此其相应的上游内容生产环节同时要跟上中下游传播与市场拓展环节。内容生产环节是广播电视媒体产业链价值实现的核心与关键，产业链下游延伸与发展空间最终是要回归到上游环节的。只有具有吸引力的节目内容，一方面才能吸引更多的投资商对节目的资金投入，制作出来的节目才能吸引更多的受众，提高收视（听）率，也招来更多的传播渠道商对此争相拥有；另一方面根据二次销售理论，吸引更多广告主向广播电视媒体投放广告，增加广播电视媒体收入。

根据"微笑曲线"原理，广播电视媒体产业链的上游内容研发与生产是广播电视媒体市场盈利的制高点之一。首先广播电视媒体应将精力主要集中在节目内容上的原创性上，增强节目研发能力，其中作为内容提供商的民营企业，增加对影视剧制作生产与市场扩展的投入，既有内容生产，也有其节目销售渠道。虽然客观上利润分配机制不够合理，他们在广电节目内容市场上处于较为不平等的竞争地位，但是如果依靠创新的节目内容，可能会带来意想不到的结果。光线传媒主打娱乐节目，作为民营资本形式存在，在娱乐节目圈有较强的影响力。

节目内容是广播电视媒体产业链的主体，广播电视媒体应汲取这些成功案例，围绕节

目构建较为完整的内容产业链，重在追溯上游内容研发与生产，做好下游节目销售渠道与播出平台，同时利用节目内容形成的品牌及影响力开发其衍生产品。新媒体技术的发展促使媒体发展的思路以"渠道为王"转为"内容为王"，广播电视媒体应有这种观念，积极打造较为完善的内容产业链。

第五章

新媒体技术在广播电视中的应用

第一节　新媒体技术在广播电视新闻采编中的应用

一、新闻概述

新闻，也叫消息、资讯，是通过报纸、电台、广播、电视台等媒体途径传播信息的一种称谓。是记录社会、传播信息、反映时代的一种文体。新闻概念有广义与狭义之分，就其广义而言，除了发表于报刊、广播、互联网、电视上的评论与专文外的常用文本都属于新闻之列，包括消息、通信、特写、速写（有的将速写纳入特写之列）等等。狭义的新闻则专指消息，消息是用概括的叙述方式，比较简明扼要的文字，迅速及时地报道国内外新近发生的、有价值的事实，让别人了解。每则新闻一般包括标题、电头、导语、主体、背景和结语六部分。前四者是主要部分，后二者是辅助部分，标题、导语、主体必不可少。写法上主要是叙述，有时兼有议论、描写、评论等。包含海量资讯的新闻服务平台，真实反映每时每刻发生的重要事件。可以通过查看新闻事件、热点话题、人物动态、产品资讯等，快速了解它们的最新进展。

二、新媒体技术对广播电视新闻采编产生的影响

随着新媒体的迅猛发展，传统传媒受到了各方面的冲击，为了寻找到突破口，广播电视新闻需要与互联网技术有效结合。广播电视新闻等较为传统的媒介可以利用互联网技术获取有价值、引发大众思考的新闻，开展调查报道。

（一）用户需求的变化

随着新媒体技术的发展，用户对于新闻信息获取的体验有了更高的要求。用户希望能够通过简单、便捷的方式获取到真实、权威、有价值的新闻内容，并希望新闻内容与自己的兴趣和需求相匹配。

1.个性化需求的增加

随着互联网和社交媒体的发展，用户获取新闻信息的方式发生了很大的变化，他们可以通过搜索引擎、推荐算法等方式获取自己感兴趣的内容。

这种方式相较于传统的广播电视新闻的推送模式，更加符合用户个性化需求。用户可以通过搜索引擎输入自己感兴趣的关键词，获取与之相关的新闻信息。通过社交媒体的关注和点赞等功能，用户可以对自己感兴趣的内容进行筛选，获取更加符合自己兴趣的新闻内容。

2.对新闻内容真实性和可信性要求的增加

在新媒体时代，由于信息数量增加，流通速度加快，各种类型的新闻报道都可以通过互联网和社交媒体传播，包括图文、视频、直播等多种形式，这意味着虚假信息和谣言的传播也更加容易。因此，用户不仅需要看到具有真实性、可信的新闻事件内容，还需要获取更深入的分析和解读。

3.互动性和社交性的增加

随着新媒体技术的发展，用户获取和消费新闻的方式不再是单向的，而是变得更加多样化、个性化和互动化。用户不再只是被动地接受新闻内容，而是可以通过各种方式主动参与到新闻传播中。

具体来说，用户可以在新闻网站或社交媒体上对新闻进行评论和反馈。他们可以针对新闻内容发表自己的看法和观点，或者提出问题和建议。用户还可以在社交媒体上对新闻进行点赞和分享。点赞可以让用户表达对新闻内容的认同和支持，分享则可以让用户将自己感兴趣的新闻内容分享到自己的朋友圈或社交网络，从而扩大新闻的传播范围。用户还可以通过社交媒体与其他用户探讨新闻事件的多个方面，甚至可以针对某些事件形成公共话题和热点。这种互动可以促进用户之间的交流和互动，加深用户对新闻事件的理解和认知。

（二）传播渠道的变化

随着新媒体技术的迅速发展，新闻传播的媒介已经不再局限于传统的报纸、广播和电视等传统媒体，公众号、短视频和直播等新媒体形式逐渐成为新闻传播的重要方式。这些新媒体平台的兴起，为人们获取新闻信息提供了更加多元化、立体化的选择。

1.微信公众号平台

微信公众号是一种具有很高流量的新媒体形式，用户可以通过关注公众号的方式获取新闻、娱乐、生活等各方面的信息。在新闻传播方面，微信公众号有着重要的作用。媒体可以通过微信公众号将新闻以文字、图片、视频等形式直接传播给用户，同时用户可以通过点赞、评论等方式表达自己的看法和意见，促进媒体与用户之间的交流和沟通。

2.短视频平台

相较于传统的文字新闻或者图片新闻，短视频可以让用户更加快速地了解新闻事件的关键信息，尤其适合传递时效性强的新闻，如突发事件、热点新闻等。短视频新闻在传递新闻内容的同时，还可以通过丰富的视觉效果、配乐和字幕等手段，提高用户的参与性和娱乐性，吸引更多用户观看和分享。

3.直播平台

直播作为一种新媒体形式，具有实时性、互动性和高度参与性等特点，在新闻传播中发挥着越来越重要的作用。直播平台可以使媒体以最快的速度将新闻事件现场传递给观众，使得观众在第一时间了解事件的最新进展和真实情况，从而提高新闻报道的透明度和公信力。同时，通过直播平台，观众可以实时与主播互动，提升了观众的参与度。

三、新媒体技术对广播电视新闻采编的促进作用

（一）新的发展道路与新思路的迸发

对传媒的发展前景来说，要运用新媒体技术，提升信息产品服务水平，取缔原来的媒介形式，寻求更多的机会。新闻采编往往会以新媒体技术为依托，并且已逐渐以"人工智能+"作为主体。在人工智能技术的应用下，大数据以及云计算构成一个非常完善的技术平台，为传媒发展提供主要支持，所以新闻行业更应当把握住现在的机会，利用人工智能技术带来的便利推动自身的发展。

（二）新媒体技术给广电新闻采编工作带来更大的收益

新闻工作者应重视创新，并且迎合时代发展趋势。基于新媒体技术的创新，新闻采编工作已经发生了历史性转变，先是由原本以图文为主的展现形式转变为通过短视频等进行传播，进一步地实现双向互动传播，从单向的信息传播终端转向移动设备，信息传播对象不再只是国内受众，有全球化发展的趋势。

在世界经济全球化背景下，基于互联网共享特点，在网络时代的影响下，我国网络新闻得到了迅猛发展，进而广电新闻采编工作受到较大影响，这使得我国广播电视新闻采编工作改革迫在眉睫。新闻行业应广泛动员各方力量，承担起弘扬社会主义核心价值观的责任，促进中国文化软实力的进一步提升，为采编工作提供更为深厚的文化基础。

（三）新媒体技术为新闻采编提供新的素材

互联网技术带来的全新传播模式被称为新媒体。随着信息网络技术的飞速发展，互联

网为全球提供了快速便捷的信息传输渠道，新媒体技术蒸蒸日上。相较而言，传统媒体地位一落千丈，陷入发展困局。信息传输渠道和平台日渐显现出层次，传统媒体与新媒体之间在技术市场以及业务方面的较量，逐渐分出高低。为了改善现状，要融合构建传统媒体与新媒体的产业市场格局。互联网的高速发展可谓颠覆了原有的信息传播途径，让传统媒体行业受到了巨大的冲击，不仅报纸的发行量极速锐减，电视节目的权威地位也受到了威胁，受众大量流失。

（四）新媒体技术为广播电视新闻转型助力

社会转型时期，我国的广播电视媒体面临革新。由于我国社会具有多元化且构成复杂的特点，所以在新闻媒体采编改革过程中，也面临着诸多阻碍。电视新闻本身具有大众电视新闻共有的特点。新闻采编的审核流程非常复杂而严格，管理部门应根据新媒体时代受众的实际需求，进行运行体制的改革和内部人员的培训，以提升新闻采编的综合效率。

四、新媒体技术在广播电视新闻采编中的具体应用

（一）社交媒体在广播电视新闻采编中的应用

社交媒体在广播电视新闻采编中的应用主要体现在以下方面。

（1）新闻信息来源。新闻媒体可以通过社交媒体获取更多的新闻信息，包括用户发布的图片、视频、文字等信息。这些信息可以为新闻报道提供更加全面和真实的情况描述，增强新闻报道的可信度和权威性。

（2）新闻发布渠道。社交媒体可以为新闻媒体提供更加便捷和快速的新闻发布渠道。新闻媒体可以通过社交媒体平台发布新闻，将新闻及时传递给广大用户，增强新闻报道的时效性和实时性。

（3）新闻挖掘分析。社交媒体可以为新闻媒体提供数据挖掘和分析的平台。新闻媒体可以通过社交媒体平台对用户的评论、转发、点赞等行为进行数据分析，了解用户的兴趣和需求，从而更好地满足用户的需求，提高新闻报道的质量和精准度[1]。

（二）移动端技术在广播电视新闻采编中的应用

在广播电视新闻采编中，移动端技术也得到了广泛应用，主要体现在以下方面。

（1）新闻信息获取。移动端技术可以为新闻媒体提供更加快速和方便的新闻信息获取方式。新闻记者可以使用移动设备采集新闻现场的图片、视频和文字信息，通过移动应用程序或者移动网站上对新闻进行评论、点赞、分享等互动行为，增加新闻报道的传播效

---

① 杜占飞.广播电视与新媒体技术的融合与发展研究 [J].数字通信世界，2021（11）：158-160.

应和用户参与度。

（2）新闻互动交流。移动端技术可以为新闻报道提供一个互动的平台。用户可以通过在移动应用程序或者移动网站上对新闻进行评论、点赞、分享等互动行为，增加新闻报道的传播效应和用户参与度。

（3）新闻推送服务。移动端技术可以为用户提供个性化的新闻推送服务。根据用户的兴趣和偏好，新闻媒体可以通过移动应用程序或者移动网站向用户推送相关的新闻内容，提高用户体验和满意度[①]。

（三）大数据技术在广播电视新闻采编中的应用

大数据技术在广播电视新闻采编中的应用也越来越广泛，主要表现在以下方面：通过大数据技术，可以快速地对大量的新闻数据进行抓取和提取，获取丰富的新闻素材，帮助新闻媒体更加准确地把握社会舆论和事件发展趋势；可以通过对大量的新闻数据进行情感分析，来了解公众对某个话题的态度和反应，有助于新闻媒体更好地掌握公众情绪；根据用户的历史阅读记录和行为偏好，将最适合用户的新闻内容推荐给他们，能够提高用户体验和满意度；通过对大量历史新闻数据进行分析，来预测某个事件的未来发展方向，可以帮助新闻媒体更好地进行报道规划和组织。

（四）人工智能技术在广播电视新闻采编中的应用

人工智能技术主要包括自然语言处理、机器学习、计算机视觉等方面，下面从这几个方面全面介绍人工智能技术在广播电视新闻采编中的应用。

（1）自然语言处理。通过自然语言处理技术，可以将数据分析结果自动生成为新闻稿，从而提高新闻报道效率，减轻新闻编辑的工作量；通过语音识别技术，可以将采访的语音转化为文字，减轻编辑人员的工作负担，提高采访效率；通过情感分析技术，可以快速了解公众对某个话题的情绪和态度，从而为新闻报道提供参考和依据。

（2）机器学习。通过机器学习技术，可以根据用户的阅读历史和兴趣偏好，推荐最符合用户需求的新闻内容，提升用户体验；通过机器学习技术，可以自动将新闻分类和标注，减轻编辑人员的工作量，提高新闻报道效率；通过机器学习技术，可以对历史数据进行分析，预测未来新闻事件的发展趋势，为新闻报道提供参考和依据。

（3）计算机视觉。通过计算机视觉技术，可以识别图片中的元素，如人物、场景等，提高新闻报道的可视化效果；通过计算机视觉技术，可以将大量的视频素材进行自动剪辑，快速生成新闻视频，提高新闻报道效率；通过计算机视觉技术，可以实时获取现场视频，如突发事件现场视频等，从而为新闻报道提供最新和最全面的资料。

---

①成连港.大数据、新媒体技术在广电中的应用和前景简析[J].广播电视信息，2021，28（6）：63-64.

（五）移动短视频与直播技术在广播电视新闻采编中的应用

移动短视频和直播是当前新兴的新媒体形态，在广播电视新闻采编中的应用越来越广泛。移动短视频是通过移动端设备来拍摄、编辑和分享短视频。在广播电视新闻采编中，移动短视频可以帮助记者快速、准确地获取新闻现场的情况，同时也可以为新闻报道提供更加生动形象的素材。此外，短视频还可以作为新闻宣传的重要手段。短视频传播，能够提高新闻的关注度和传播效果。因此，广播电视新闻机构可以通过建立自己的短视频平台，吸引更多的用户，扩大品牌影响力。直播技术是将视频、音频等信息实时传输到网络上，供用户在线观看。

在广播电视新闻行业，直播技术可以帮助新闻机构更加快速、准确地报道新闻事件。记者可以通过直播实时传输新闻现场的情况，将新闻第一时间传递给观众。

在新媒体时代，新媒体技术已经成为广播电视新闻采编不可或缺的一部分。这些技术不仅能够更好地满足受众对多元化、便捷化、互动化的需求，而且可以增强新闻传播的时效性，扩大覆盖范围，不断优化传播方式和形式，提高新闻传播的质量和效益。

第二节　新媒体技术在广播电视播音主持中的应用

在如今全新的发展形势下，新媒体时代的大门已经敞开，人们的思想更加超前，对于信息的获取需求愈发强烈。而传统广播电视不仅满足着人们日常各项信息的获取需求，更是人们日常生活不可或缺的精神文化载体之一，新媒体时代下的传统广播电视行业，需要积极创新，满足民众多元化需求。尤其广播电视播音主持工作需要遵循艺术发展目标，优化创新融合艺术思想，与时俱进，这样才能提高广播电视播音主持工作的综合质量。

一、广播电视播音主持概述

播音主持是指广播电台、电视台播音员主持人根据节目要求，通过电子设备对受众所作的一项语言创造性传播活动。

一般来说，播音，通常理解为新闻播报工作，指以新闻审定部门的文字稿件为创作依据，播音员主持人进行二度创作将其转化为有声语言表达。无稿播音则理解为节目主持工作，在没有文字文稿的基础依据之上，在节目现场根据实际情况即兴发挥。前者需要强大的文学功底、新闻意识、较高的规范语言要求，后者则需要主持人敏锐的临场判断能力、现场控制能力和优秀的语言组织表达能力。

随着广播电视台的发展，播音主持行业逐渐成为热门行业，随着越来越多的人开始关注播音主持工作，播音主持工作中的艺术思想以及艺术内涵也逐渐受到人们的重视。播音主持艺术强调的是整体的语言交流与互动。在当前的发展环境中，播音主持对于语言表达能力要求极高，而且语言表达能力是呈现整体新闻信息的关键，更能够通过语言表达映射出播音主持自身的综合能力。此外，播音主持不但要注重个人语言能力的提升，更要注重自身形态与语言情感表达上的艺术体现。播音主持必须要在信息传达的过程中具备咬字清晰、音色醇厚而温润的特点，这样才能够更为优美且富有艺术性地展现语言当中的情感与韵味。

另外，广播电视播音主持作为向民众传播新闻信息的纽带，不但要保障各项关键信息的准确传达，更要在传达信息的过程中融入真实情感，这种情感要与所播报的信息内容相匹配，这样才能引起受众的情感共鸣。

此外，广播电视播音主持人作为公众性的人物，其自身的播音主持形象、气质、形态、表情、举止需要合规合理，这样能够让广大受众产生好感，进而达到提升整体广播电视节目传播效果的目的。

二、新媒体环境下播音主持语言传播特征分析

（一）播音主持语言传播应以规范表达和艺术创作为基本特征

关于播音员主持人，人们首先想到的最明显的职业特征就是标准普通话。国家广播电视总局近年对播音员主持人上岗提出了新要求，地方台需要一级乙等或以上水平且持有播音员主持人资格考试B级；中央台则要求必须一级甲等且上岗资格考试为A级。其次，播音员主持人的语言要根据不同的节目类型、不同的风格设置来进行相应变化，从而带给观众富有变化的审美享受。

播音员主持人的语言表达不是千篇一律的照本宣科，而是稿件文字和语言的重新创建过程，在语法、逻辑、修辞手法等方面要遵循规范。主持人的专业能力和文化水平将通过语言创作表达来外化体现，在有声语言表达的创作阶段，我们不仅要达到规范，更应该以艺术创作为终极目标。运用科学的发声状态、播音创作中的"内三外四"等专业技巧，更好地把握美、塑造美，在语言表达中创造美，最后让观众感受美、接受美、享受美，最终与受众达成和谐美。

（二）播音主持语言传播应兼具形式传播和内容传播特征

新媒体时代，内容依旧是最强的竞争力。播音员既要充分发挥语言个性化的特长，更要与传统主流媒体的导向意识交互。"新闻爆点"固然十分重要，但符合新时代、新要求、新思想的思维导向不能改变。播音主持的语言传播首先要把握基调准确，坚定弘扬主旋律，营造良好的舆论氛围。

1.高度重视技术驱动力，新技术丰富了节目形式与内容

传播多元化、传播快捷、渠道多样、范围广泛是新媒体时代的显著特征，那么作为播音员主持人，我们必须清醒地意识到，挑战也意味着机遇，播音员主持人可以在这个广阔舞台充分施展才华，树立和丰满个性形象。充分运用网络平台等新技术提高播音员主持人的知名度，多维度扩大节目影响力。主持人可以利用微博、微信、抖音App等热点互联网平台宣传推广节目以及通过主持人魅力吸收大量网络"粉丝"。结合新技术和受众的意见建议，打造更完善的互动平台。

2.主动融入，利用各类线上平台，增强互动，提高受众忠诚度

电视大屏幕转向手机小屏幕的今天，合理有效地与受众进行网络互动交流，不仅让传统广播电视媒体不断扩大，而且拓展了主持人与受众互动交流的空间。如：中央广播电视总台的"主播说联播""央视频评论专区"，丰富了节目内容，吸引了更多的受众，拉近与观众的距离，更利于我们直面受众，从而提高受众的忠诚度，主持人时常"一对一"进行回复，平台专职"留言回复"的"小编"对于"粉丝"也会跟踪关注。与此同时，微信语音也为广播电视节目提供了广阔的平台，将带有声音特性的语音留言信息进行分类、筛选，适时参与节目互动，这样的广播电视节目更具情感色彩，受众主观能动增强，从而提高了节目整体质量。

3.坚守好新时代主流媒体的责任与担当，运用新技术需要注意一些问题

在利用新技术新媒体的同时，我们更要注意：实事求是，是广播电视节目语言传播的根基，这决定了播音主持从业者在语言传播中，第一时间做出反应与充分理解、全面分析。与此同时，更要注重新闻的客观真实性，主观刻意曲解新闻，"添油加醋"，甚至虚构事实，传播虚假信息，与新闻工作是完全背道而驰的，更是违法的。在宣传与弘扬社会主义核心价值观的过程中，播音员主持人要以事实为依据，并有效地引入时事话题，使得传播内容更加及时与真实，从而最大限度地提升话题的真实性与严谨性。播音主持语言力求做到使受众准确无误接收到传达的信息，兼顾"含而不露"的表达，实现"有效传播"，同时也使受众接受到规范、优美语言的熏陶和教育。要特别强调的是，新媒体时代的播音主持工作不仅要注重"说"，更要注重"播"。这里的"播"，不单指"播读"，而是把握语言新特征，精准地表达新闻内容，将正能量文化"传播"到观众面前。

媒介形式、传播手段在融合大潮中变化万千，但"内容生产"始终是重中之重，亘古不变的依旧是"内容为王"。

在广播电视节目中，播音员主持人作为一档节目的"最后一道防线"，肩负着内容传播把关人的重要任务。新媒体时代的播音员主持人的把关意识就是要坚决筛除有悖于民族

传统、负面情绪，与节目内容不相吻合的内容，具备敏锐的洞察力、明晰国家政策和舆论舆情的能力。与此同时，先进文化传播是每一位新媒体时代播音员主持人放在首位的重要工作，坚决不能为片面追求收视率而无底线地传播庸俗文化和所谓的"潮流""非主流"文化，具备新闻人分寸感，才能促进新媒体时代的新闻宣传事业发展。

（三）新媒体环境下播音主持语言传播应具有语言美学特征

播音员和主持人是语言美的使者，更要承担创造美、传播美的重任。对于大多数新媒体"主播"、节目主持人，除了需要在新媒体发展的背景下不断提高整体素质，更应该快速提高其审美能力。

1.语言形式之美

声音是语言的载体，国内外的语言学家都认为"汉语的语流具有很强的音乐性"，从语言美学上获得受众喜爱的播音员主持人的语言表达也应该似"大珠小珠落玉盘"般有着饱满圆润清晰的发音和抑扬顿挫的韵律感。毕竟语言和音乐从本质来说有很大的不同，播音员主持人语言形式上的美是让声音时刻处于一种积极的、可轻易控制的状态，"声随气转，气随情动"通过语言形式的美感来表达呼应了观众的情感节奏，与观众最大化共鸣，观众将被美感所感动。

2.语言体态之美

近乎完美的语言表达状态是播音员主持人进行节目有效传播的手段。就像一台说话的机器，那一定无法吸引受众的，所以播音员主持人合理运用面部表情、手势、体态举止等体态语言功能，可以增强口语表达的效果。运用体态语到底是"画蛇添足"，还是"锦上添花"，这和播音员主持人对语境的准确判断有着必然联系。观众对主持人的审美也是在不断变化的，从以往僵硬刻板主持人的仪态形象到现如今自然、大方、得体的仪态形象，更增强了播音员主持人的自身魅力。

3.语言风格之美

丰富的生活阅历，不同的社交体验，个人气质和后天的文化知识沉淀，可以积累出播音员主持人属于自己的播音独特性，进而形成一种稳定的播音风格，这种风格可以充分体现出主持人的审美追求。文化传播型节目主持人白岩松、鲁健、董卿、王宁、董倩是儒雅智慧型的主持人代表。节目中的一字一句都透露出很深厚的知识积淀。这不仅展现了知识本身的魅力，更凸显出主持人的人格魅力；李咏、高博、汪涵、撒贝宁、尼格买提、朱迅、何炅是幽默风趣主持人代表，节目中熟练运用巧妙比喻、善意嘲讽，尖锐中却无刻薄，俏皮而不直露，充分体现高超的语言技巧，让观众在欢歌笑语声中紧张的情绪得到释放，更提高了节目的观赏性和节目包容性；那么，董浩叔叔、鞠萍姐姐、金龟子、月亮姐姐、红果果、绿泡泡，他们给人们带来的便是甜如蜜的亲和力。

综上所述，任何语言形式都有属于自己的那个时代，广播电视的传播必须符合时代潮流，坚守规范、语言美、风格美和时代美的特征。审美高度可以反映出社会主流价值取向和群众文化品位。传统广播电视具有大众传媒的独特魅力与深入人心的权威力量，更需要首当其冲地引领新媒体时代独特的语言文化。

三、新媒体环境下广播电视播音主持工作模式

广播电视播音主持工作从业人员是广播电视节目制作和呈现的重要参与者，既需要具备扎实的专业理论和语言功底，又要能有效地构建符合新媒体环境的交流语境。而广播电视播音主持工作模式的创新，则应根据新媒体环境下的不同情境导向，总结和分析相应场景的特征和表现，从节目宣传、制作、主持等重要方面，思考既定行业和工作的创新和改革问题。整个行业、媒体从业者都需主动提升自身的新媒体环境适应性，从外部环境分析到自我效能感评价，都能形成客观和理性的认识与态度，科学地对广播电视播音主持工作模式进行创新和优化。

（一）广播电视播音主持工作适应新媒体环境的三个导向

1.语境导向

新媒体作为全媒体环境的重要构成要素，具有开放性和即时性的语境特点，并与传统播出平台有密切的关联性。而广播电视播音主持工作，随着新媒体技术的发展和广泛应用，生产出新的交流机制和语境。从业者若想快速适应新媒体语境，就必须加深对互联网络文化生态体系的了解，主动了解各个圈层的交互特点和特殊语境。无论是利用传统媒体传播信息，还是利用新媒体收集受众反馈信息，都要做好语境导向，利用彼此熟悉的语言和语调进行交流和互动。

2.意识形态导向

广播电视媒体的作用，在于为大众提供可靠和优质的信息资源，用以提升他们的认知层次。广播电视播音主持工作若想切实适应新媒体环境，就必须根据社会主义核心价值观体系，以节目或主持人为载体，承载和传播正确的价值观，加强意识形态导向。无论是节目本身，还是播音员主持人，都必须体现出良好政治方向、文化导向，引领大众形成积极的意识形态。同时，广播电视平台团队要注重提升主持人的人文素养、媒介素养等，能为

受众作判断、下结论提供正确的指导。

3.过程导向

如今媒体平台竞争日益激烈，致使信息输入输出的形式发生改变。受众与平台的互动和黏性更强，并成为影响节目制作和内容生产的关键要素。在此背景下，节目制作及主持工作需主动朝平台化方向发展，利用新媒体为工作过程赋能。同时，广播电视平台要根据语言环境变化，增强电视节目传播过程的交互性，为各圈层发声提供机会和渠道。广播电视播音主持工作的创新，要加强过程导向，为大众呈现优质节目内容的同时，也要为受众提供良好的体验。

（二）新媒体环境下广播电视播音主持工作的新特点

1.交互性强

广播电视播音主持工作的开展，不局限于传统播出平台，可在微博、微信、抖音等App平台获得较高的传播度。在新媒体环境下，广播电视播音主持工作具有交互性强的特点。如在电视和网络平台直播节目的过程中，主持人会根据弹幕和评论区留言，即时优化节目呈现的方式，或根据受众提问和反馈，及时播报节目进程，预告接下来的节目内容。多个媒体协同播放节目的过程中，更加注重受众的反馈和建议，主持人要与用户进行有效的交流和沟通。

2.受众范围广

传统媒体环境中，受众主要是通过广播电视平台观看节目，不同的节目类型有不同的受众群体，传播的内容和观点也会有一定的差异。而新媒体环境下，人们可在多个平台观看节目，甚至可同一时间观看两档以上的节目。从这个层面来看，新媒体时代，广播电视播音主持的受众范围更加广泛，已经不限于固定的年龄阶段和圈层。如青少年也在观看新闻类节目，只是平台选择上存在一定的差异：老一辈习惯于收看电视节目，年轻人习惯于使用网络平台。电视节目可借助新媒体吸引更多的受众，并实现跨平台宣传和传播节目内容。

3.主持风格多样

新媒体时代形成了较为明显的圈层化特点，且大众聚焦感兴趣的领域后催生出独特的圈层文化和语言。如饭圈的追星一族，就有着独特的饭圈用语。而动漫圈、游戏圈等各个圈层的成员间，都形成了独特的表达和沟通风格。在此背景下，广播电视播音主持领域，为有效地与各个圈层受众交流，就必须形成多样的主持风格，利用他人听得懂的语言传播节目内容。否则，广播电视节目将很难吸引不同圈层的受众，从而大大影响节目的影响力和收视率。同时，节目定位还要与主持风格高度统一，且能根据信息传播的诉求，表达有趣和有深度。

4.语言逻辑性更强

新媒体环境下，开展广播电视播音主持工作，要能展现出更强的语言逻辑性。根据节目受众的年龄结构、学历特点等，利用正确的语调和措辞输出观点和文化。主持人要积极提升自身的专业素养、媒介素养、信息素养，既要体现专业性，还要具备构建愉悦交互空间的能力。而无论是传播正确的价值观，还是基于客观事实剖析观点，都需借助有逻辑的语言进行。语言是广播电视播音主持工作的重要载体，需符合新时代的特殊语境，且不失主持人应具备的专业性和独特性。新媒体对传播平台的延伸，不仅创新了工作模式，还丰富了播音主持语言体系，即在有效定位节目基调的同时，要传达符合大众心理需求和主流价值观的理论或主张。在复杂的新媒体生态下，广播电视播音主持人更要具备极强的语言表达能力、逻辑思维能力。

（三）新媒体环境下广播电视播音主持工作模式创新的基本原则

1.职能的时代化转变

新媒体语境下，播音主持人应成为优质的媒体代言人，表达正确的观点、深刻的思想，引导大众对国家政策、社会发展建立正确的认识。网络时代下，广播电视播音主持工作模式的创新，应注重主持人职能的时代化转变。时代化转变，是指根据当前社会群体特征、认知架构、主流价值观、社会问题等，精准地定位媒体工作者的职能，以广播电视为平台，在播报和主持节目的过程中，构建符合时代特征的语境和语言表达风格。

2.正确引导舆论

网络生态复杂的背景下，社会及大众对广播电视播音主持工作提出新的要求，主持人应借助优质的节目正确引导舆论，而不是使网络用户陷入复杂的话题风暴中。无论是大众关注和热议的婚恋话题，还是职场酒文化问题，广播电视媒体应慎重追逐热点，做好负面舆论的引导和控制工作，真正彰显主流媒体的优势和价值。新媒体语境下，针对广播电视播音主持工作模式的创新，必须始终坚持正确引导舆论的原则，创新节目呈现的方式及播音主持风格。

3.内容生产高效优质

收视率不应成为判断电视节目优劣的唯一标准，应在语言逻辑、价值导向、节目利益、社会效应等方面做出综合评价。创新广播电视播音主持工作模式，要注重生产高效和优质的内容。主持是传播节目内容的具体动作，主持人是控制节奏、传播正确思想的媒介，都应成为优质内容生产中的重要组成部分。广播电视节目的质量取决于前期的选题确定、素材筛选、编辑与制作，为后续的主持工作提供扎实的基础。若节目低劣、价值观偏移，主持人将会成为传播错误观点和文化的工具，有违广播电视传播的初衷与根本要求。因此，新媒体环境下，既要体现节目制作与主持的高效性，更要呈现有思想、有正确理论的优质节目内容。秉承内容生产高效且优质的原则，优化广播电视播音主持工作模式。

4.坚持正确价值取向

新媒体丰富和拓展了广播电视播出的方式，以视频、直播、图文不同形式传播信息。甚至普通大众都可成为节目制作者、主持人，传播各种社会事件。

在此背景下，专业平台和官方平台应主动肩负起社会责任，秉承坚持正确价值取向的原则，创新广播电视工作模式。新媒体时代，各媒体平台在追逐利益和流量的同时，应对青少年正确世界观、人生观、价值观的树立给予高度重视。广播电视平台应根据国家净化网络环境的要求，重新界定新媒体传播概念。强调节目内容影响力和传播力的同时，需多方面审视节目的社会效应和教育意义。创新广播电视工作模式，应管理播出平台的功能，避免仅以播出和制作节目为任务，应以推动社会文化生态体系的有效构建与实践为己任，注重体现节目内容的正确价值观。

新媒体环境下，广播电视媒体从业者需不断增强自身对复杂环境的适应性，形成与时俱进的工作新思想和新理念。在正确目标和理念的指导下，创新和改革广播电视播音主持工作模式。既要在节目制作和播出过程中收集受众的意见和建议，还需为他们提供自由表达的平台和渠道。广播电视播音主持需展现更强的交互性，并传播正确的价值观，加深受众对社会的了解，并引导青少年树立社会主义核心价值观。

四、广播电视播音主持中引入新媒体技术的重要性与措施

（一）广播电视播音主持中引入新媒体技术的重要性

良好的语言表达能力是广播电视播音主持的重要要求，与传统的广播电视播音主持单向性的方式不同，在新媒体背景下需要主持人员与受众实现良好的互动。在互联网背景下节目的输送都是点对点完成的，不仅节目的内容时效性较高，也给播音主持人员带来了更大的挑战。另外，由于当前新媒体时代节目特点和受众的需求与传统的广播电视播音主持

存在着很大的不同，新媒体工具和平台更加贴近受众基层。在广播电视播音主持中引入新媒体技术，可以为传统广播电视行业的转型和创新提供机遇。另外，对于播音主持人员自身来说，新媒体环境下，由于要求更高，主持环境更加复杂，引入新媒体技术可以为播音主持人员提供更好的学习空间，让广播电视播音主持逐步摆脱传统工作模式的束缚，吸引更多的受众，并且也能让节目更具有特色，能够更好地吸引受众的关注，对于传统广播电视行业来说具有积极的推动作用。

（二）新媒体技术在播音主持领域应用的主要体现

新媒体技术在播音主持领域的应用主要体现在AI技术上。从智能机器主持人和虚拟主持人两种类型可演变出智能语音播报、纪录片配音、虚拟主持等形式。

1.智能语音播报

由数据库自动生成，可用于路况播报、资讯播出、天气预报等。相比人工播报而言，智能语音播报具有信息精准、数据翔实、播报及时、省时省力等优势[①]。

2.纪录片配音

在人工智能技术的支持下，计算机通过提取语音大数据进行语音合成、语音识别、语言处理等应用，可达到真实人声效果。在央视播出的《机智过人2》中，AI便模仿了我国著名表演艺术家丁建华老师的声音。[②]

3.虚拟主持

2000年4月19日晚上，世界上第一个虚拟节目主持人安娜诺娃（Ananova）在自己的网站上开始了第一次新闻播报。2018年11月7日，在第五届世界互联网大会上，新华社联合搜狗发布全球首个合成新闻主播——AI合成主播[③]。

从安娜诺娃到AI合成主播，其间历经18年，在技术设计上有了飞跃式改进——安娜诺娃由电脑三维动画制作而成，而AI合成主播通过提取真人的声音、动作、形态等特征，运用计算机技术联合建模设计制作而成。AI主播形象更鲜活、言谈举止更逼近真人。与真人主播一天工作8小时不同的是，虚拟主持人可以一年365天、每天24小时全年无休不知疲倦

---

①童云.智媒时代主持传播变革——基于对虚拟/智能机器主持人功能的研究[J].中国广播，2018（12）：64-68.

②王珊.人工智能背景下播音主持人才的发展探析[J].视听，2019（2）：94-95.

③何强.从全球首个AI合成主播诞生看媒体融合：媒体应用场景就要AI到底[J].中国记者，2018（12）：65-66.

地工作[①]。

（三）广播电视播音主持中引入新媒体技术的对策

1.主持人员要积极丰富自身的阅历

在新媒体时代，要想在广播电视播音主持中引入新媒体技术，播音主持人员就要树立一定的学习意识和创新意识，积极丰富自身的阅历和主持的经验，切实加深对主持节目内容的理解，保障节目主持的流畅性。主持人员也要积极利用新媒体时代新颖的网络词汇等丰富主持内容，让节目主持更具有特色，以此来吸引更多受众的关注。

2.主持人员锻炼和提升自身的随机应变的能力

在新媒体环境下，广播电视行业也在寻求创新和发展，节目的内容以及主持的方式也都不断创新。在此背景下，播音主持人员要积极锻炼自身的反应能力以及随机应变的能力。能够切实根据受众的需求自由切换主持风格，也能够随着节目话题的改变自由应对，以此来保证节目主持的流畅性和有序性。此外，在节目主持的过程中，播音主持人员也要关注自身用词的严谨性，以此增强受众的信赖。

3.主持人员要关注与受众的互动

当前的媒体行业信息量剧增，媒体环境的变化也越发迅速，播音主持人员要想有效吸引受众的关注，提高广播电视节目的收视率，就需要播音主持人员增加与受众的有效互动。在新媒体时代，播音主持人员可以积极利用当前的微信、微博等信息平台加强与受众的沟通和交流。播音主持人员也要积极针对受众反馈的问题进行及时解答，做到尊重受众，拉近与受众的距离。除此之外，作为播音主持人员也可以积极针对受众职业、年龄以及性别的特点深入了解受众，有效明确受众的需求，以此来更好地提高电视节目的质量。

4.主持人员要利用舆论正向引导

播音主持人员是与受众最为贴近的媒体工作者，在节目的主持过程中，主持人员要积极用科学的世界观、人生观以及价值观来引导受众，要积极宣扬社会的正能量，营造良好的社会氛围，给受众带来积极的影响。除此之外，主持人员也要积极利用朴实、温暖以及具有亲和力的主持风格来感染受众，切实发挥媒体行业的积极作用，这是每一个新闻工作者的责任，可以更好地促进社会稳定发展。

在新媒体快速发展的过程中，传统广播电视播音主持暴露出诸多问题，随着新媒体的

[①]王珊.人工智能背景下播音主持人才的发展探析[J].视听，2019（02）：94-95.

不断创新发展，社会受众越来越多，广播电视也要积极促进与新媒体的融合，这是时代和行业发展的必然要求，可以有效地促进传统广播电视播音主持的创新和发展，同时能够积极发挥出媒体行业的社会效益。

第三节　新媒体环境下广播电视安全播出的技术管理

对广播电视来说，安全播出既是工作的内容也是工作的最终目的。要保证节目的安全播出就要对广电节目播出体系有综合系统的了解，根据节目播出实际情况构建安全高效的安全播出体系。简单来说，节目安全播出的基本要求为高质量、不间断持续性的节目播出。为了保证节目播出的安全性，相关技术人员一定要不断提高技术实践能力，构建高性能广播电视安全播出管理体系。

一、广播电视安全播出的基本内涵

（一）广播电视安全播出的定义

宏观上讲，广播电视安全播出这个词的含义为，广播电视行业不受到任何非法分子的骚扰和阻挠篡改，在广播电视的播放过程中保持信号安全稳定不中断，信息正常传输并满足用户之间共享的需求。从更深层次的角度分析，广播电视安全播出的意义可以分为以下几种。首先，在对信息的运输系统进行编制之时，编制系统的技术人员应当端正工作态度，尽量避免运输系统中出现漏洞和缺陷，造成信息运输困难甚至信息泄露。其次，广播电视在播出时，要保证企业内部人员的安全，尽量避免人员伤亡，保证设备完好无损，降低购买设备所需的大量成本。最后，广播电视播出中，电视信号顺畅，信息接收良好，同时播出的节目要与核心价值观相结合，促进健康、文明、开放的信息在广播电视播出[①]。

（二）安全播出的特点

一般意义下，广播电视节目安全播出是指广播电视节目传输网络的相关硬件以及软件系统中，所涉及的信号、数据等受到较好的保护，可以正常运行；节目整体的舆论导向科学合理，节目内容丰富健康；节目内容在播出时不被篡改，节目播出信号连续性较好，用户可以持续收看高质量节目。随着经济发展水平的提高以及人们对信息需求的改变，广电节目安全播出的性质出现较大的改变。

---

①蒙玉捷.广播电视安全播出技术维护管理对策探讨[J].传播力研究，2018（14）：242.

1.节目数字化以及自动化程度进一步提高

随着科学技术水平的提高，广播电视节目播出朝着数字化、多功能化以及网络化的方向发展，并且节目发生系统的数字化以及自动化水平也大大提高，广电节目的频道和收视频率逐渐增加，这就导致硬盘播控系统得到非常广泛的应用，节目播出与录制的技术含量也越来越高，造成发射台所要具备的技术管理难度日益增大。

2.智能化特征逐渐凸显

目前，广电节目发生设备主要采用双激励器工作机制，而整机控制体系主要采用分布式控制，这样在节目播出控制、节目播出故障判断以及故障查找警报等方面存在较高的智能化管理水平。其中广电节目播出所使用的智能化系统对工作效率的提高有非常重要的意义，其对工作人员的素质有更高的要求。

二、新媒体时代下广播电视安全播出技术

广播电视安全播出的实质就是保障电视节目稳定播出，确保电视网络信号稳定且不被外界干扰，确保电视节目内容始终是积极健康的，确保不会被外界攻击篡改并发布不良信息，从而有效保障电视用户正常观看和接收节目信息。在新媒体发展背景下，要确保电视节目安全播出首先要保障网络信号传输系统稳定可靠[①]。首先，广播电视技术人员必须有效监测外界干扰和攻击信息，从而采取有效的方式去处理和应对，及时消除各种安全隐患，才能保障广播电视安全稳定，有效抵抗外界的攻击，从而营造一个更加安全稳定的播出环境。其次，广播电视节目的安全播出离不开电视工作人员与相关技术设备的支持。电视节目工作人员需要检测播出设备设施的运行状态，并且做好日常维护和管理工作，还要有效提高自身的专业水平，进一步保障电视节目信息可以安全播出。

在电视节目制作和审核过程中，电视节目管理人员需要加强对节目的管理，确保播出的内容是健康文明的，是有利于社会稳定和发展的。另外，为了保障广播电视节目能够顺利播出，电视信号接收方面也是不可忽略的。电视节目制作管理人员需要保障电视用户接收信号都是稳定安全且经过授权管理的，有效阻止和打击那些不合法的电视网络信号。

三、广播电视安全播出的技术影响因素

目前，各地广播电视技术的发展水平不一，广播电视技术安全管理工作也存在较大的差异。广播电视具有传播速度快、传播范围广的特点，但是传播电视信息也需要服务服务器检测技术和移动监测技术的有效支持。结合广播电视安全技术发展实际情况，数字通

---

①马军平.新媒体环境下广播电视安全播出的技术管理研究[J].西部广播电视，2019（14）：203-204.

信、母盘质量以及频段干扰问题是影响广播电视安全播出的重要因素[①]。如果数字通信技术管理出现异常，那么很有可能导致广播电视节目播出中出现传输信号中断、电视节目受到干扰的问题。一般而言，广播电视节目播出的方式有直播、录播、复播三种类型。直播是进行实时播放，只要电视管理工作人员前期准备得当，各种直播中用到的电子机械设备正常运行，就能保障直播正常有序进行。而录播和复播主要借助母盘进行，如果母盘上面的数据信息遭到破坏，就会直接影响电视节目的正常播放。此外，无线频段电台设备也可能会干扰电视节目的播出效果，节目播出安全技术人员需要及时解决各种可能出现的安全问题，以保障电视节目安全播出。

四、广播电视安全播出技术管理发展现状

（一）安全播出管理技术和技术设备有待提高和完善

有些电视节目管理人员为了提高节目收视率，往往将重点放在电视节目是否可以准时播出上面，还有就是在节目中不断地插播广告信息以获取广告商带来的效益。但很多电视节目播出管理人员对于电视广播技术管理工作不够重视，投入的时间和精力明显不足。一些电视节目管理人员也不积极组织和安排技术管理人员进行学习和培训，只是一味地按照传统的方式进行播出[②]。这样一来，电视节目在播出过程中一旦遇到干扰，便会直接影响节目播出的质量。除此之外，广播电视节目管理人员还需要注意电台机械设备老化或出现故障。随着现代社会不断发展和进步，节目管理人员需要及时更新和引进管理设备，有效保障各种广播电视节目播出设备稳定运行。

（二）广播电视安全播出缺乏科学准则，技术管理需要进一步优化

为了保障广播电视节目安全播出，各地广播电视中心需要重点关注安全技术管理、系统配置、设备维护和运营等相关方面。然而许多广播电视中心所设的部门组织机构较为复杂，工作内容也相当繁重，各个组织部门交叉在一起，无疑增加了电视节目管理的难度。广播电视节目安全播出技术管理中相应地也存在一些技术漏洞，需要电视节目管理人员给予足够的重视。目前，我国广播电视体制还处于发展阶段，相关部门需要进行规划和转行，并且对岗位工作人员进行优化和调整。电视节目安全播出管理中还需要建立完善的管理系统，针对常见的技术故障进行分析和展示，便于技术人员管理和应用。此外，电视节目安全播出管理人员技术水平也是需要重视的层面，要确保技术管理人员拥有较高的专业素质，能够有效应对各种突发状况。

①陈罡.新媒体环境下广播电视安全播出技术实践应用分析[J].传播力研究，2018，2（24）：248.
②脊政.新媒体时代下广播电视安全播出机房的维护技术分析[J].电视指南，2018（8）：241.

（三）电视安全播出技术存在区域性差异，高新技术应用有待加强

各个地区的广播电视中心在安全管理上存在区域性差异，广播电视中心的管理模式也会影响电视安全播出技术管理工作。一般而言，对于安全管理工作较为重视的单位，他们的管理理念和管理方式较为先进，节目播出的流畅性也较好，整体实力较强。而那些对安全管理理念重视不足的单位，不仅在技术管理上投入的资金有限，而且技术设备相对落后，技术人员培训和学习层面也存在不足，导致电视节目安全播出无法得到有效的保障。从整体上看，我国当前的广播电视节目安全管理体系还需要进一步优化和加强，技术管理需要不断革新，从而才能促使电视广播技术朝着更加智能化、数字化的方向迈进，才能促使电视行业更好地发展下去。

五、新媒体环境下广播电视安全播出技术管理优化策略

（一）改革广播电视安全播出技术，完善技术管理设备

如今，新媒体技术在业内持续发展并革新，广播电视企业也不能故步自封，要用发展的角度来看待内部技术的创新与变革，并积极推动内部技术创新发展。企业管理者应当转变发展思想，加大对企业内部高科技的探索和研究力度，加大对于新媒体行业独特的认识，促进行业内部技术与新媒体技术相互融合，相互促进。改革广播电视行业的安全播出技术有利于保障用户的基本观看效果，保证观看信号稳定。而技术管理设备方面一直是我国广播电视行业的短板，在技术设备缺乏的情况下，企业要积极引入资金，扩大资金的投入范围，加大企业在技术管理设施方面对于基础设施建设的健全力度。

（二）建立健全安全播出技术管理

首先，各大广播电视企业在面临内部管理工作的难题时，应当提高自身的内部技术管理水平，建立健全一个科学、完善的内部管理机制体制。其次，在对员工进行培训时，要增强对于企业内部管理技术的知识渗透，让员工理解重视企业管理工作，增强员工的责任感。同时，企业对于建立的技术管理体系也有一定的漏洞，企业应当对症下药，捕捉漏洞，规避风险，同时根据漏洞把握企业发展的短板和不足之处，并一一进行改造，避免管理工作出现任何隐患。最后，企业对于员工的日常工作也应加大监督管理力度，将企业员工的工作效率发挥到最大，确保企业员工能够尽心尽力为企业服务。

（三）减少安全播出技术管理行业

广播电视行业中各大企业务必重视企业的内部管理工作，响应国家对于内部管理的号召，充分注重自身发展，在企业中培养一支专业、态度端正、品质优良的职工队伍，为提

高企业内部管理水平和技术水平奠定基础。在企业的培训方面，应当尽力提高企业员工的专业素养和对于知识技术的学习能力。企业内部硬件设施建设的完善也为企业的发展带来了良好的前景，企业积极学习外部高精尖技术，要将内部基础设施建设与技术管理建设相互结合起来，双管齐下促进企业发展[①]。

广播电视行业的发展是建立在创新和不断探索的基础上的，唯有将自身的问题找出来并且解决好，才能保障今后发展顺畅，趋势良好。为促进广播电视行业安全播放，企业要多在管理制度和工作上下功夫，通过引入新媒体技术来提高广播电视行业播出技术，同时健全管理内部播放设备，为观众提供良好的体验，在企业内部完善技术管理机制，缩小区域性技术差异，促进企业获得健康良好的发展前景。但我国也要加大对高精尖技术的研究力度，多多引入或培育有关高等技术的人才，降低对外国高科技的依赖性，始终坚持用科学技术来推动各个领域的变革，将我国对科技的扶持政策落到实处，促进各个领域创新进步。

（四）有效革新技术管理设备，加强技术革新

在新媒体时代发展背景下，广播电视中心管理人员需要积极转变思想观念，有效革新电视行业相关的技术管理设备，重视广播电视安全管理工作，继而有效提高电视安全技术管理水平。为确保信号质量稳定、播出时间正常、节目播出效果良好，各个地区的广播电视中心需要有效结合自身发展状况，有序增加资金投入，及时引进最新的技术设备[②]，不断优化电视安全管理技术，有效杜绝播出有危害性质的广播电视节目。这样一来，新的管理技术和机械设备的投入运营，可以大力保障电视机房设备始终处在良好的稳定运营状态下，从而为电视节目安全播出提供强有力的保障。

（五）建立完善的安全技术管理体系，加强技术管理

对于各个广播电视中心来讲，电视播出技术安全管理人员需要落实和完善技术安全管理体系，有效明确和划分各部门、各岗位工作人员的责任范围。这样一来，通过完善的管理体系，各个岗位的工作人员可以有效明确自己身上的责任，有效避免出现问题却找不到相关责任人的问题。结合我国电视广播安全技术管理工作发展现状，电视节目安全管理中首先需要明确各项技术管理和执行标准，有效查找和分析安全管理中存在的漏洞，并且选用安全高效的技术应对措施，以消除各种影响节目正常播放的安全隐患。此外，广播电视中心还需要加强对电视安全技术管理人员的监督和管理工作，定期组织技术交流和培训，不断提高他们的专业水平，确保他们可以妥善完成工作任务。广播电视中心管理人员还需

①李张军.广播电视安全播出技术及实践应用研究[J].西部广播电视，2018，425（9）：200-201.
②刘红.新媒体环境下广播电视安全播出的技术管理研究[J].中国传媒科技，2018（3）：71-72.

要促使技术管理人员不断学习和创新，有效激发他们的工作热情，最大限度地保障节目安全播出。

（六）加大高新技术的应用力度，实现智能化发展

在新的发展形势下，各个地方的广播电视台需要重视安全技术管理工作。电视节目管理人员需要认真学习先进的管理理念，及时替换电视节目播出中需要用到的各种机械设备，并且逐步加强对各种新技术新软件设备的学习和运用，不断提高工作人员处理和解决各种突发问题的能力。在电视节目管理中，相关负责人员需要有效进行引领和指导，增强电视工作人员的责任意识，使他们更加深刻地认识到数字化技术信息的重要性，并且有效落实和完善相关的安全技术管理方案。

各地广播电视中心应当积极响应党和政府号召，不断提高安全技术管理工作质量。尤其对于高层的管理者来说，还需要以前瞻性的目光制订发展规划，不断加强高新技术的应用工作，积极培养现代化的管理人员，促使广播电视安全技术管理工作朝着更加专业化、智能化的方向发展。各个地区的电视安全技术管理工作人员还需要不断拓宽自己的知识视野，有效融合各种新媒体技术手段，融入最先进的优良的通信技术和视频图像技术，从而给观众带来更加优良的视觉体验，促使广播电视节目正常稳定播出，进一步扩大电视行业的受众群体，从而促进广播电视行业实现可持续发展。

近年来，科学技术的不断发展和进步，极大地促进了新媒体技术的发展，各种新兴技术工具不断出现。基于新的发展环境，广播电视行业也需要革新安全技术管理运营机制，积极重视广播电视安全播出的日常管理和维护工作，有效消除各种潜在的安全隐患，不断提高技术管理水平，从而促进广播电视行业更好地发展和运营。

第四节　新媒体环境下广播电视的战略转型

如果传统电视台还停留在政策保护和垄断意识中，就会在接下来的媒介融合发展浪潮中失去话语权，仅仅充当一个节目播出渠道，依附于一些大型跨界的媒介平台。因此，传统电视台必须在"互联网+"的思维下，重新定位受众，将自身打造成大型跨界的媒介平台，从生产节目到开发IP，创造自己的平台价值。

一、从观众到粉丝

在电视媒介的传统传播体系中，观众是一种被动接受者，因为其无法实现即时反馈，而能否形成即时反馈是衡量互动性的关键。尽管电视观众也可以通过书信等方式表达对节

目的看法，但这种反馈并不是即时的。在施拉姆的大众传播模式中，受众对传播者是一种可能的反馈，并不是一种常态和即时的反馈。在"皮下注射理论"和"魔弹论"等传播效果理论中，观众接收信息就像被子弹击中和接受药剂注射一样，可以产生直接迅速的反应，完全被媒体左右。随后的传播效果理论，包括有限效果理论和宏观社会效果理论，修正了对受众被动消极的认识，充分考虑了受众接受的各种影响因素，但在传统媒体框架中，依旧是单向传播，受众无法即时反馈。在法兰克福学派的理论中，受众消极被动的始作俑者是文化工业，在资本的控制下，大众文化产品只为消遣娱乐，瓦解了个体的批判和否定精神，让个体成为"单向度的人"，完全被大众文化主宰。

随着社交媒体的发展，电视观众逐渐习惯一边观看节目一边在社交媒体上发布各种信息，尤其是那种现象级的节目，能够掀起网络舆论热潮。既是网民又是观众的双重身份，让电视观众的角色发生了变化，"对待受众不能像过去的'消极的受众'阶段一样，而是要进入'用户'阶段"。从观众到用户，更为关键的是内涵发生了变化，用户与媒体是互动关系，用户具有更大的主动性和选择性，具有即时的反馈机制。早在数字电视发展初期，因为付费频道的出现，电视观众身份发生了分化，一部分观众可以通过付费选择自己喜欢的频道，频道专为这些观众定制生产内容。这部分观众成了付费频道的电视用户，享有比一般观众更多的选择权。但相对社交媒体环境下的电视用户，付费频道的电视用户没有即时的反馈通道，选择的主动性和范围都非常有限。

在"互联网+"的思维下，电视媒体不仅要与电视用户进行充分的互动和沟通，还要让电视用户升级为节目的粉丝。美国的大众文化理论家约翰·菲斯克认为，粉丝是"过度的读者"，是一种狂热的受众，他们可以借用电视节目等大众文化文本生产属于自己的意义，"粉丝们经常将这些符号生产转化为可在粉丝社群中传播，并以此来帮助界定该粉丝社群的某种文化生产形式。粉丝们创造了一种拥有自己的生产及流通体系的粉丝文化"。粉丝文化的存在创造了一种粉丝文化经济，在约翰·菲斯克看来，电视媒体是大众文化的生产机器，电视媒介经济是一种典型的文化经济。

二、从节目到IP

我国电视节目最初由电视台内部制作，是一种自产自销的状态。制作什么样的节目完全由电视台自己确定，电视台具有绝对的话语权。随着电视媒介产业化的发展，电视节目制作逐渐过渡到社会化生产阶段，电视台逐步将新闻节目以外的其他节目推向社会，催生出一批电视节目制作公司。在这个阶段，电视台依旧掌控节目播出渠道，在节目生产方面仍然有绝对的话语权。但是在社会化生产阶段，经济效益成为一个重要指标，收视率成为衡量节目是否成功的重要标准，经验和观众调查成为节目市场预判的基本依据。在这种运营体系中，节目生产存在巨大的风险。很多节目根本无法进入播出渠道，生产出来就直接夭折；有一些被寄予厚望的节目播出后遭遇市场冷落；有一些节目在播出过程中由于收视率低迷不得不停播；还有一些不被看好的节目在经过无数波折后反而成为观众的宠儿。这种状况让节目生产公司和电视台无所适从，也限制了电视媒介产业的进一步发展。这主要是因为这个阶段电视采用的还是单向传播模式，观众和节目生产者无法进行有效的沟通和对话，导致了节目生产和观众的割裂。另外，通过观众调查得来的数据比较有限，并不能完全体现观众对节目的偏好。

在数字新媒体时代，这些问题都迎刃而解。数字新媒体采用的是一种点面结合的双向互动传播，可以让电视观众和节目生产者进行深度沟通。数字新媒体可以用大数据对电视观众进行全方位立体式定位，从而实现节目的精准化传播。然而，数字新媒体也给电视媒体的播出渠道带来了冲击，多屏化时代让观众有更多的选择。尽管电视媒体也建立了自己的网站，有了自己的官方微博和微信公众号，但这也仅仅是"互联网+"框架中的布局，电视没有达到与新媒体的深度融合，没有在节目生产体系上有质的改变。在"互联网+"思维下，电视节目生产模式将发生颠覆式变革，节目生产转变为IP运营，彻底推翻了传统的节目生产流程。IP是Intellectual Property（知识产权）的简称，但IP又不仅仅是知识产权，还是基于互联网的文化产品的生产模式。

首先，IP属于内容产业范畴，目前主要应用于文学、游戏、动漫、电影和电视。从产业延伸这个角度来说，IP运营还只是跨类延伸，在不同媒介中进行互文生产，还没有到跨界延伸的程度，因为跨界延伸已经超出内容产业范畴。IP运营实质上是一种互文生产。互文是文学批评中的理论术语，两个以上文本之间通过相互指涉、辨认、对话形成的文本间的多重复杂关系就是互文性。互文同时也是一种创作手法，正因为作者有意或无意利用现有作品创作出新作品，才会有文本之间的互文性。任何一个文本都不是孤立的，它是"一个多维的空间，各种各样的写作（没有一种是起源性的）在其中交织着、冲突着。文本是来自文化的无数中心的引语构成的交织物"。互文的创作手法主要有改编、戏仿、拼贴、再现等。互文生产就是采用互文的手法生产各种文本，形成产业链，最终使经济效益最大化。电视IP运营既可以由文学、游戏、动漫、电影等互文生产出电视产品，又可以由电视IP互文生产出文学、游戏、动漫和电影。如湖南卫视推出的《爸爸去哪儿》，网络话题阅读量超过180亿大关，是一个优质电视节目IP，在随后的IP运营中，也取得了不俗的成绩：同名电影票房达到了7个亿；推出同名手机游戏的当天，下载量达到了100万，注册用户1.5亿；还有亲子教育App等系列线上线下产品，反响都不错。一般来说，IP包括外在产品、媒介产品和价值观三个层次，其中，内核是价值观。无论产品形式怎么变化，作为内核的价值观都要保持不变。如果偏离了原有的价值观，就会带来不可预知的市场风险。电视IP运营从一开始就不仅限于电视产品，而是要打通不同的媒介，形成IP产品有效组合，建构一个IP集成平台。这个集成平台是互文生产工厂，既可以整合不同形式的IP，又可以不断生成不同媒介形式的产品。IP集成平台的存在改变了电视节目的生产模式。

其次，互联网是优质IP的试金石。无论是文学、游戏、动漫还是影视，都必须经过互联网传播。只有那些能够在互联网中生存并拥有大批粉丝的IP才是优质IP，这是进行IP运营的基础。只有在互联网中，创作者和受众之间的传播渠道才是双向互通的，受众才能够主动参与创作。在网络文学、游戏和动漫中，受众可以即时发表评论，表达自己对作品的好恶。当众多的受众达成一致时，创作者会根据受众的意见进行修改和调整，使这些作品符合受众的意愿。从这个意义上说，这些作品是创作者和受众共同创作的。受众参与IP的创作还是一种情感的投射。投射是心理学术语，是将自己的情感意识向外转化的过程，其本质是自我的现实化和理想化。受众参与创作，就是将自我投射到作品中，让作品成为自我情感的外在体现，是在与外在客体进行充分沟通的基础上实行自我认同的一种途径。因此，受众对作品的支持是浸透了情感的自我身份建构的需要。在这个过程中，受众逐渐成为作品的粉丝。另外，通过互联网，粉丝之间可以展开充分的沟通和交流，形成粉丝群。每一个优质IP都有一个庞大的粉丝群。这些粉丝群体是在兴趣爱好一致的基础上自愿形成的社会群体，会通过一系列群体活动来凸显身份，以显示与其他群体的区别，从而实现群体认同。粉丝群体传播不仅为个体身份认同提供了坚实的基础，还为群体进一步发展壮大提供了动力。经过互联网过滤的IP可以明确自身价值，进行有效的市场定位。

最后，IP运营是一种品牌驱动模式。传统的电视节目生产是一种节目驱动模式，围绕节目的策划、生产和播出，调动了各种机构和要素相互协调配合。节目也可以成为品牌，但必须等节目播出以后才有可能，而且这种可能性很低。在节目驱动模式中，有些节目尽管市场反响不错，最终也成了品牌节目，但也仅仅停留在节目范畴，其价值只体现在多轮次重复播出。在IP运营的品牌驱动模式中，节目源本身就是一个品牌，积聚了强大的网络人气。

品牌是一种无形资产，IP具有庞大的粉丝群，蕴含了较高的品牌价值。如果只有一种产品形式，则无法体现IP的品牌价值。因此，IP运营的品牌驱动模式首先要将IP的品牌价值最大化，要将IP开发成不同的产品形式，实现产品的有机组合，充分挖掘品牌价值。文学、游戏、动漫和电影等IP都可以开发成电视产品，通过电视平台播出后，IP品牌将会进一步增值。节目源本身的品牌为成功开发电视产品提供了保证，电视产品成功之后可以反哺原来IP的品牌价值，形成良性循环。这就是IP品牌驱动的基本路径。具体体现在两个方面：第一，电视产品获得成功后，会大幅提高IP的知名度，这是因为有很多电视观众加入，成为IP的新粉丝；第二，电视产品也让原来的粉丝增加了新的体验，加强了粉丝和IP之间的关系。"品牌是一个全方位的架构，牵涉消费者与品牌沟通的方方面面，并且品牌更多地被视为一种'体验'一种消费者能亲身参与的更深层次的关系，一种与消费者进行理性和感性互协的总和，若不能与消费者结成亲密关系，产品就从根本上丧失了被称为品牌的资格。"①这种体验将会强化原有粉丝的忠诚度，为IP的进一步开发奠定更加厚实的基础。

三、从渠道到平台

在习惯性思维下，传统电视台将自身定位为独一无二的播出渠道，通过生产或购买优质节目来实现渠道价值，其利润基本上来自广告，节目收视率越高利润越丰厚。在应对数字新媒体的发展中，各电视台也纷纷布局互联网，建立了自己的网络平台，比如湖南台的"芒果TV"。但这种网络平台仅仅是电视媒体的一个网络播出渠道，和电视台播出同样的节目，相当于在电视之外增加了一个网络频道。

在"互联网+"思维下，电视媒体不能只在渠道上做加法，必须转型成数字媒介平台。这是一个资源整合平台，整合了各种媒体资源，包括传统媒体和数字媒体，远远超出了电视媒体的范围。这是一个产业聚合平台，包括产品的投融资、创意生产、营销发行和体验，甚至还包括衍生产品开发。

这还是一个创新平台，包括资本运营创新、创意生产创新、营销发行创新、用户体验创新和商业模式创新等。其实，早在开始探讨三网融合时，就有学者注意到了三网融合具有平台化的发展趋势，包括三个基本内涵：传播介质互通、接入互融互通和参与主体存在双边或多边相互依存的关系。因此，在三网融合背景下，广电系统和电信系统的竞争是一种平台竞争。这种平台化趋势主要是靠传播技术推动的，不同载体的信息可以集合在一个平台上让受众自由分享。实际上，平台不仅能够集聚资源，实现资源的有效配置，还可以提高效率，具有明显的经济价值，是一种新型的媒介经济形态。在"互联网+"思维下，由电视媒体转型而来的媒介平台不仅是信息集聚平台，还是电视和互联网深度融合形成的新的媒介产业形态。"平台化趋势是一个从垂直的、线性的产业链模式向产业价值网转变的过程；竞争思维从封闭、控制、垄断转向以开放来获得成长、以合作来获得竞争优势；产业组织形式从金字塔式层级结构向海量端点的对等协作生产、产销合一转变。"

从节目播出渠道到电视媒介平台，参与主体之间的关系发生了显著变化。在节目播出渠道中，各主体之间是割裂的，节目生产者与观众无法直接对话交流，观众与观众也无法进行沟通。在电视数字媒介平台中，各参与主体是互联互通的关系，相互之间可以借助平台进行直接的对话交流。可以说，借助数字化技术，电视媒介建构了一种新型的社会关系。"媒介为社会关系的存在和发展服务，并作为内外信息的承载物不断在维度、质量上逐级递进；从单层到多层、从单向到多向、从单维度到多维度，逐步升级。"在电视媒介平台中，观众已经成为用户，用户之间的互联沟通形成网络，网络具有极强的外部性，平

---

① 王鹤.文化创意与品牌推广[M].北京：北京理工大学出版社，2022.

台的用户越多，对其他用户的吸引力就越大。因为用户越多，意味着用户之间信息交流的机会就越多，用户使用平台的费用就越低。在这个网络中，每个用户就是一个节点，每个节点都是一个关系节点。著名的梅特卡夫定律认为：网络价值等于网络节点数的平方，这意味着网络价值取决于各个网络节点的关系价值。电视媒介平台不仅能促进用户之间的互联沟通，还可以将不同类型的主体整合到一个平台上，这也是平台的间接网络外部性的体现。平台提供的某种服务的用户数量多，会导致提供与这种服务相关的产品和服务的商家增多，而且价格更低。这种某一类型的用户数量间接影响另一类用户的特性就是平台的间接网络外部性。根据这个属性，电视媒介平台需要提供更多的一体化经营服务，满足用户的多元化需求，以吸引更多的用户和增强平台用户黏度。

电视媒介平台化是数字化媒体时代发展媒介经济、实现媒介产业化经营的必由之路。在数字化时代，媒介之间的竞争是一种平台竞争。由于平台之间的趋同性，"平台竞争并不是差异化竞争，而是赢家通吃的替代性竞争"。

这种竞争并非停留在传统媒体领域或新媒体领域，而是会扩展到整个媒体领域，传统媒体受到新媒体的冲击最大。在媒介产业领域，电视等传统媒体再也不能在政策保护支持下一枝独秀，互联网等新媒体也不再是附庸，两者在发展媒介平台上将展开平等而直接的竞争，竞争的结果就是要么成为综合服务平台，要么沦为平台上的一个专项服务提供商。在竞争的过程中，平台的延展性成为竞争的关键。平台的延展性是指在数字技术网络平台的基础上容纳多元应用服务平台的能力，包括内容平台、商务平台、社交平台、娱乐平台、资讯平台、教育平台等。容纳的应用服务平台越多，一体化服务能力就越强，用户的忠诚度就越高，媒介平台竞争力就越强。在媒介平台化发展初期，电视等传统媒体和网络新媒体各有所长，比如，电视媒体具有强大的内容资源，掌控视频内容的审查和牌照发放权力；网络等新媒体则具有社交和电子商务的成熟经验。而且一方的优势恰好是对方的劣势。但从未来发展来看，两者的战略布局和平台架构高度一致，都面临着发挥现有优势补齐自身短板的迫切任务，谁能够以最快速度补齐短板，谁就能抢占先机，占领媒介平台竞争的制高点。因而，在互联网发展大潮中，电视必须采用"互联网+"的战略思维，实现全面转型，这样才能够站稳脚跟。

第六章

新时期广播电视
与新媒体技术的融合

第一节　广播电视业有效应对新媒体技术冲击的策略

面对新媒体技术的冲击，广播电视业可以采取以下应对措施。

一、做信息的提炼者

面对新媒体的冲击，传统媒体目前所面临的困境可以说是一种很正常的情况。在人类历史上，由于技术的进步，新的替代性产品让原有的产业价值消失不是什么稀奇事。例如，汽车出现使得马车消失，造纸业兴起使得竹简消失。报业、唱片业、影视业这些传统内容产业，面对互联网、移动互联网这些新技术的冲击，衰退是不可避免的。对传统媒体来说，必须有能力从价值流失的地带转向价值丰厚的新领域，也就是要转变观念，发现新的机会，做信息的提炼者。

现代社会处于信息爆炸的时代，每一种新的丰沛其实都伴随着一种新的匮乏。虽然新媒体来势汹汹，庞大的信息却导致了注意力变得相对分散，受众有了一种新的需求，即在纷繁复杂的信息中分配注意力，在最短的时间里找到最需要的信息。此时，经过深度加工的信息，关于信息的信息由于相对稀缺而升值。需要注意的是，关于信息的信息包含两方面的要求，一是要有精准的用户需求定位，知道哪些人群需要哪些信息，二是有对信息深入加工的过程，而这需要具备强大的内容生产实力。对那些有志于做信息提炼者的传统媒体来说，要找到新的价值地带，需要从以下两方面着手。

（一）建立差别化

《华尔街日报》是传统报业少有的在新媒体环境下向用户收费的典型。《华尔街日报》网站有大量免费内容供人浏览，如果读者希望看到更独家、对投资更有借鉴意义的内容，必须成为付费用户才可以浏览。对于《华尔街日报》的读者来说，他们能够接受这种有意为之的差别化策略。其原因主要包括以下两方面。

第一，他们确实能够享用差别化策略，获得他们想要的独到信息。

第二，这也是对自我身份的一种彰显。

目前，免费的基础服务加上收费的增值服务已经成为传统媒体向新媒体转型过程中最常用的做法之一了。

（二）建立公信力

这种公信力或来自权威的内容，或来自专业的分析见解，或来自富有参考价值的一手数据。在信息爆炸时代，信任永远是难得的。《纽约时报》就依托自身的公信力，建立了知识问答平台dotdash.com。虽然是互联网平台，但并不放任内容的形成，而是找到各个领域的专业人士来回答网友提出的各种问题。由于有专业人士的介入，dotdash.com在家务、育婴、宠物等很多领域都建立起了自己的权威话语权。

二、传统媒体的转型

新媒体时代，读者对文字真实性的需求大大提高了，传统媒体应该为读者提供值得信任的信息。传统媒体要能够搜集读者可能感兴趣的或读者不一定知道但可能引起他们兴趣的信息。除此之外，传统媒体还要能够主动创造信息，甚至引领话题。足够专业的东西永远是有市场的。以视频网站为例，绝大多数人观看的内容是专业机构制作的，因为专业机构生产的内容更加精良，更加了解如何讲故事。用户产生的内容虽有个性，也只会成为专业机构生产的内容补充，永远不可能替代专业机构生产的内容。即便综合性媒体受到冲击，以深度报道见长的媒体在互联网时代也没有受到太直接的冲击，互联网不会做太多的深入挖掘、分析和报道，这正是这些传统媒体的长项所在。

传统媒体向新媒体转型，最大的误区是在互联网平台上简单地复制作为传统媒体的品牌与信息采集优势。要知道内容的积累需要时间，传统媒体的技术实力又不足，转型往往步履维艰。在新媒体巨头已经成型的情况下，传统媒体尝试转向新媒体，必须要做到以下几方面：

第一，要极度专注，满足某一方面的具体需求。

第二，要跨媒体利用各种媒介的特性。

第三，要在传统媒体原来覆盖领域的基础上作适当延伸。

三、广电媒体的新媒体转型

目前，伴随着用户需求的释放和技术的不断突破，传统媒体也在努力进入新媒体领域。这既是传统媒体在实现转型，也是新旧媒体融合的内在需要。广电媒体的新媒体转型方面，需掌握以下几项基本原则：

第一，广电媒体要积极建设已有的在线网站。

第二，广电媒体要利用成熟的新媒体，快速提升自身在新媒体领域的影响力。

第三，坚持内容制胜，创造新的商业模式。

中国的广电集团正处在互联网、电信网、有线电视网三网融合的大背景下，广电集团在数字电视、网络电视、手机视频领域都面临着来自不同竞争者的挑战，其中，来自电信运营商的挑战最为激烈。

第一，广电集团必须加快向数字电视的升级，依托自身的内容优势发展网络视频和手机视频，积极寻找向新媒体领域发展的机会。

第二，广电集团可以依靠高带宽、高清晰度的数字电视技术，提升节目的质量和吸引力，细分用户市场，提升数字电视的用户体验。

第三，降低有线电视的收入占比，增加网络增值及付费电视收入也是方向之一。

第四，随着视频网站的崛起，广电企业需要以强势的姿态与视频网站合作，增加内容在网络上的价值。手机电视领域是一块新的战场，广电企业必须加快发展手机视频业务，可以建立自己的独立手机视频门户网站，也可以和其他新媒体企业合作。

四、了解与新媒体融合的方式

传统媒体实现媒介融合的方式主要有以下几种。

（一）实时提供实用信息

传统媒体为适应媒体融合的发展趋势，通过自办新媒体或为新媒体提供及时或实时的信息服务，实现自身与新媒体的融合。如美国佛罗里达州一家城市有线电视台的网站，抓住美国受众的习惯，提供城市包括下辖的县、区的气象服务，从其网站上可以看到实时的气象情况。人们可以点击自己所住的城区，了解暴风雨是不是要来等。

（二）内容多次开发利用

对内容的多次开发利用是传统媒体融合新媒体的重要方式，即由传统媒体为各种新媒体提供适应各种新媒体特征和要求的内容服务，使过去只使用一次的内容实现多次开发利用。纽约州北部的一家小电视台的网站，利用各种空间和技术来展示内容，用户点击注册后，就可以获得服务。受众不仅可以同步看，也可以使用播客功能向自己的手提电脑发送相关信息，还镶嵌了与好友分享的按钮。网站还提供智能手机电视支持，只要用户在手机上开一个快速通道，一点击就可以看到电视台的内容。此外，他们还为普通手机用户配备专门的手机图文版，被称为网络简版。

（三）大量运用社交媒体

社交媒体具有受众广、互动性强等特征。传统媒体充分利用社交媒体互动性特征，纷纷在各类社交媒体上开发各种新兴节目或栏目，以实现传统媒体与新媒体的融合。如西雅图一家叫作"我的西北"的电台网站，他们的主持人在网上拥有自己的页面，上面有节目声频、视频片段和主持人照片秀等视觉内容。受众可以用Twitter来追寻主持人，可以在每次新闻脱口秀节目播出时或播出后和他们进行交流。

（四）数据视觉化，互动个性化

新媒体最大的特征就是随时随地提供音视频新服务，而音视频具有直观生动易于理解和记忆等特征，更容易接受。为此，传统媒体加强了数据的视觉化处理，并将其镶嵌到各种新媒体终端，如《今日美国》是定位为商务旅行的报纸，现在它把机场、酒店等出行地当成重要的互动领域，开辟了豪华邮轮旅行者博客、乘飞机旅行者博客等。

（五）积极拓展流媒体空间

积极开拓流媒体空间，将使传统媒体有更多播出平台，适应不同终端受众对信息服务与消费的需求。如美国最著名的报纸《纽约时报》的网站，在文字稿里镶嵌了视觉化链接，一点击关键词就会跳出视频播放窗口，播放结束之后会自动关闭，受众还可以再回到文字稿上来。这种镶嵌技术是由思科公司开发的，利用这一技术可以开发新的广告空间。

第二节　我国传统广播电视与新媒体融合发展的特征与模式

一、我国传统广播电视与新媒体融合发展的必要性

在新形势下，各类先进的信息化技术层出不穷，涌现了大量的社交媒体平台，通过新媒体平台检索和获取信息已成为人们的日常生活习惯，新媒体能够为用户精准推送相关信息内容。近年来，我国新媒体平台呈现出飞速发展的趋势。

新媒体的诞生拓宽了人们获取信息的渠道，为人们获取信息提供了更多便利和优质的服务，人们对新媒体平台的满意度非常高，黏性较强。在这种背景下，广播电视等传统媒体的受众流失严重，收视率处于不断降低的趋势[1]。相较于传统媒体，新媒体具备技术方面的优势，同时传播渠道更为丰富。但是，传统媒体仍然具有权威性和公信力，能够保证提供的信息客观真实，因此传统广播电视媒体更具专业性、权威性和可信度。因此，推动二者的融合发展，有助于实现双方的优势互补，对于提高传统媒体的传播力和新媒体的专业性具有重要意义。

在先进技术飞速发展的背景下，新媒体取得明显进步，人们能够通过更多的渠道、角度获取信息资讯，同时也可以成为信息的生产者和发布者。新媒体的出现，虽然给传统广

---

①张为昱.新媒体影响下广播电视新闻媒体的融合发展[J].科教导刊-电子版（上旬），2021（10）：291-292.

播电视媒体造成了巨大的冲击，但也给其带来了前所未有的发展机遇。目前，受到新媒体的冲击，广播电视等传统媒体的生存空间被进一步压缩，同时随着"互联网+"理念在各行各业的全面推广，传统广播电视媒体如果仍然坚持传统发展理念，故步自封，必然会导致自身的影响力、传播力和引导力下降。因此，传统广播电视媒体应开辟新的发展路径，促进与新媒体的深入融合，对于推动传统媒体的长远稳定发展具有重要意义[①]。传统广播电视媒体与新媒体进行融合具有诸多优势，比如说能够提高广播电视媒体的影响力，使其在发展的过程中获得更多机遇。为了进一步推动二者的融合发展，传统广播电视媒体应充分认识到与新媒体融合发展的必要性，完善信息传播、共享渠道，探索创新发展新模式，根据实际情况对目前存在的问题进行全面分析，在此基础上采取有效的解决措施，实现与新媒体的深度融合发展，只有这样才能满足时代发展需求。

二、我国传统广播电视与新媒体融合发展的特征

（一）以产业链层面为基础的特征

产业链是以各产业部门为主体的，以特定技术经济关联为基础，以特定逻辑和时空布局为依据逐渐演变而成的具有互联性和交互性的链条式关系。在媒介生态环境逐渐变化的背景下，我国广电媒体的产业链也发生了明显的全方位的更改，具体表现在以下几方面：

1.产业链变化趋势——纵向分离和横向分解

从传统技术条件为范围界定来讲，报业、电信和广电产业等都可以以封闭产业链条为范围界定实现盈利模式和运营模式的建构。所以，这一时期传统产业竞争也具有明显的封闭性和独占性特征。随着科学技术的发展以及三网融合的持续推进，传统广电产业一家独大的局面被打破，从产业链角度对其进行审视可以发现，信息产业链在横向和纵向均发生了分解的现象。

（1）纵向分离

在传统广电媒体模式背景下，广电机构及其产业链都具有一定的完整性，无论是上游内容、下游渠道还是基础网络等控制权都集中在广电手中，这也就导致以产业链为主体的各个环节中并没有竞争者的存在。而在市场和技术的作用下，以内容、渠道和网络为主的环节逐步分化，并以产业发展规律为遵循实现了以各自为主体的运营。

（2）横向分解

从内容生产角度来讲，虽然电视台承担着新闻内容制作的工作任务，但是伴随着节目

---

①张明昊.浅析新媒体和广播电视的融合及对内容传播的影响：以池州广播电视台为例[J].中国宽带，2021（1）：115-116.

多样化的发展趋势，许多内容制作公司也层出不穷。可以说，社会化公司是当前内容制作的主体。同时，依赖信息技术发展，每个人都可以作为信息内容的生产者和传播者。

从传播渠道角度来说，依托技术发展对信息传播渠道起到了推动作用，并逐步向多样化渠道迈进。

首先，数字化技术的出现使频谱资源逐渐增多，广电媒体在数字化改造的作用下，其频道和频率逐渐增多，契合了当前市场和受众对信息的需求。

其次，在互联网崛起的背景下，网络已成为当前进行信息传播的主流平台，不仅推动了传播渠道的多元化发展，而且信息在相对自由和互动性较强的网络环境下进行传播，也使得用户可以根据自己的意愿进行点播和下载。

从信息终端角度来说，传统媒体时代对特定介质载体的依赖性较强，电视机是常见的信息接收终端，处于此背景下的观众只能在固定时间和固定地点观看电视节目。伴随着数字技术的出现，信息和介质之间出现了分离趋势，在数字化处理作用下，信息可以依托多个智能终端来呈现。同时，依托网络技术，还使信息传播更加自由化。

2.产业链从渠道模式向平台模式转型

随着三网融合的逐步推进，碎片化和无限化成为信息生产、信息传输和信息消费的主要趋势。如果将传统广电的产业结构作为渠道模式来讲，那么广电全媒体则可以看作具有开放性特征的平台模式。渠道模式简单来讲就是依靠传统技术条件，使得信息生产、传输和消费都集中在固定且封闭的单一产业链条内，并由专业人员对信息进行制作，以固定渠道为载体实施的点对面式的单向传播过程。平台模式是以渠道模式为基础对其予以更改与调整。信息平台简单来讲就是建构在海量端点和通用介质间的一个交互空间，其可以借助特定规则和机制实现海量端点间的交互。平台模式是以受众为主体和面向为其提供特定服务内容的信息服务平台，在此背景下，用户不仅可以以自身需求为依据来对所需内容进行定位和查找，还可以实现信息生产者和消费者的有效对接，并加快了一对一、一对多和多对多方式的双向互动交叉传播，以多元化和无限的信息生产能力为载体更好地契合无限且多元的信息需求。

渠道模式和平台模式具有显著的区别：

（1）在是否封闭方面的区别

渠道具有较强的封闭性特征，无论是传播内容还是秩序都受传播者的个人主观控制，受众在接收和选择过程中比较被动；而平台开放性特征明显，平台也囊括了丰富的内容和服务，用户可以以自身需求为导向实现对内容的选择，进而来确定内容的秩序。

（2）在是否是单项方面的区别

渠道是单向的，信息传播过程也就是传播者向接收者传达的过程，接收者对于所接受内容的评价和看法想要对传播者进行有效反馈较为困难；平台是具有双向性和互动性的，信息生产者和消费者之间并没有中间环节，消费者自身的评价和意见等都可以依托平台实现有效的反馈，帮助信息生产者更好地了解消费者的看法。

（二）以发展层面为基础的特征

以发展层面为基础的特征包括以下几方面：

1.政策主导性强

广电媒体承担着进行文化宣传的重要责任。在我国广电全媒体建设过程中，是基于全国范围内的广电媒体统筹发展背景下，以行业主管部门为引导，以政策为路径来实现的协调发展，这也是我国广电全媒体发展具有明显政策主导性特征的最根本体现。以媒介融合环境为背景而言，无论是处于三网融合中的何种新业务，其推出必须在国家广播电视总局审批和认可的背景下来进行，而国家广播电视总局对于新媒体业务的管理与审批，不仅是对传统广电行业实施的具体保护措施，也是限制广电全媒体发展的侧面体现。

2.产业链复杂

广电全媒体发展与三网融合有着密切关系，除了与本行业有着紧密联系外，也与电信和互联网行业息息相关，这也决定了其产业链构成复杂化和参与主体多元化的特性。在三网融合不断推进的背景下，我国广电也逐步向开放化迈进，其产业环境必将越来越复杂；传统广电需要以新的网络传播渠道的拓展与探索作为主要侧重点，而新媒体也将把传统电视终端的涉及作为主要方向，从而与传统阵地展开争夺。

三、我国传统广播电视与新媒体融合发展的模式

我国传统广播电视与新媒体融合发展的模式如下。

（一）台网合一模式：融合式全媒体

在2016年广东省人民政府参事室受命的内参调研报告上，诸多知名专家首次提到新起点上的"台网合一"，即"有必要反省之前广电传输网络资源与传媒内容生产机构的分合得失，汲取台网分离这一改革动机与效果出现重大反差的教训，推动网台资源的一体化整合，从而反哺基层媒体，这是改革必须兼顾公平正义的应有之义"[①]。三网融合是大势所趋，广播电视业和电信业的相互融合不可避免，融合面前既是机遇又是挑战，在变革面前，非强则弱。

---

①马天元，江潇."台网分离"与广电有线网络的发展[J].中国记者，2001（8）：71-72.

台网合一是正视传统媒体生存转型的迫切愿望，在支持全国广电一张网，融入省级区域性扩张的格局中，借助融合一体化发展反哺基层媒体；台网合一是找准融合发展媒体平台化战略路向，加大网络技术含量与社会资本投入，凭借产业化与数网化，在顺应市场规律以及外部环境需求的同时，由内而外实现一体化平台型发展才有基本保障；台网合一是回应改革进程公平正义的必然诉求，积极反省以往推行产事分开与制播分离的利弊得失，抑制同工不同酬的内部分化与社会歧视，防止人为中断产业链与分化人才队伍，按照"传媒是尊重意识形态的特殊产业"的要求，推进整体转制，做到健康、公平、均衡地促进传媒产业价值链的良性循环运营。

广电全媒体从本质来讲就是台网融合的问题。融合式全媒体旨在以"台网合一"为载体来推动媒介融合的快速实现。据了解，现阶段部分广播电视在"融合新闻中心"等方面进行了积极探索，这都属于融合式全媒体的发展模式范畴。融合式全媒体推动了传统广播电视由以往的单一媒体逐步向多种媒体复合方向的转变。在此背景下，就需要以内容生产流程作为着手点对其进行重新建构，以生产流程改造以及多媒体平台的有效运营等为载体，以此推动了特定内容在不同载体终端分发这一目的的实现。融合式的全媒体不仅对传统广播电视媒体时效性和功能性起到了重要的补充作用，而且信息传播过程中的价值增值也会逐步提升。

（二）台网分离模式：扩张式全媒体

台网分离模式简单来讲就是在保持传统广播电视媒体现有体系和结构的背景下，对母体存在的各类资源予以充分运用，广播电视媒体以市场规律和媒介特性为依据进行独立发展，且网台能够相互独立进行运营，以此建构起的以传统媒体和新媒体共同存在并发展的格局。在此背景下，广电全媒体呈现出的是一种以扩张式为主的发展态势。扩张式全媒体是以现有业务流程和内容体系为基础，对局部内容予以创新的过程，它可以避免对现有内容生产流程的更改，所以对传统广播电视媒体来讲其影响也相对较小，这也是传统广播电视媒体最具现实性的一种选择。

台网分离，是将原有的有线电视网络从广电体系中剥离独立，这就意味着很多县级广播电视台原有的网络运营部门和乡镇广电站要进行机制转变，其中最大的问题就是人员分离和人才流失，如何有效处置好这个问题，是台网分离大背景下稳定广电人才队伍的首要问题。单纯的事业单位的管理模式，已经不适应目前县级广播电视台的管理要求。笔者认为，作为基层广播电视台，要加快改革步伐，顺应新潮流，适应新常态，在人才队伍的规划、培养和管理上下功夫，同时要积极谋求转型，开拓灵活的广告创收和多种经营机制，用改革红利来"强筋壮骨"，为人才队伍建设提供经济基础保障，才能取得真正意义上的发展进步。

（三）联合发展模式：联合式全媒体

传统广播电视的全媒体实现需要依托丰富的资源，据了解，我国许多城市级的广播电视媒体无论是资金资源还是人才资源方面相对来讲都较为缺乏，所以对于城市级的广电媒体来讲，联合发展全媒体是其中较为现实与可行的道路。联合发展模式从本质来讲也属于网台分立发展的一种具体形式，在保留传统"台"现有格局的同时，针对新媒体业务为实施的联合活动，并借助技术平台共享、人才共享等资源，逐步形成具有显著优势的规模，实现共同发展。

第三节　新时期传统广播电视与新媒体融合发展的策略

一、正确处理好几种关系

目前，全媒体形式成为传统广电媒体新的发展方向和趋势，在转型的实践过程中，广电媒体要积极探索新的方法去处理发展道路上可能遇到的各种关系。概括来说，这些关系包括以下几种。

（一）线性传播和互动传播的关系

传统的广电媒体是点对面、单向的新型传播，传播者对传播具有绝对的控制权，而广大的受众只能被动接收信息。随着网络信息技术的发展和普及，互联网改变了传统的传播模式，实现了点对点的双向互动模式。如今，社会上流行这样一种说法，认为互联网的双向互动传播模式已经成为时代的主流，而传统的广电媒体即将被这种新型的传播模式所取代，逐步走向消亡。这种说法，既有其合理性，也有一定的主观臆断片面性。从实践中我们可以看到，人们对媒体信息的需求是多样的，既有传统广电媒体传播的需求，也有对新型双向互动传播的需求，这两者并不存在明显的矛盾，两者之间是有益的补充关系。广电全媒体实现了线性传播和互动传播的有效融合，但它们两者互不干扰，各自发挥作用，共同组成了广电全媒体的传播格局。

（二）"专"和"全"的关系

面对新的生存环境，只有积极地改变自己，提升自己的适应能力，才能在这个新环境中发展和成长。

第一，可以尝试"专"的发展路径。这种发展路径主要侧重的是内容的生产，只要有高品质的内容，就会产生高价值，就会有生存和发展的空间。

第二，可以尝试"全"的发展路径。这种发展路径就是采用"内容+渠道"的发展模式，更侧重渠道。全媒体就是在内容生产和传播渠道上做好改革创新的切入，积极构建内容融合的生产机制并大力拓展传播渠道，最终形成全媒体的信息传播集散中心。

需要注意的是，全媒体追求的目标并不包含媒体形态上的全面。因为单纯地追求媒体形态上的全面既存在较大的难度，也没有多大意义。仅仅依靠拓展媒体渠道和终端的数量，并不能判断出全媒体转型的实际效果，这主要看这些渠道和终端是否真正地实现了融合传播，是否提升了媒体的影响力和经济效益。为了适应新的发展环境，提升自身的竞争能力，传统媒体积极构建全媒体的模式，主要还是希望在与互联网媒体的充分融合中切实提升媒体传播的档次和效率。

（三）跨媒体和全媒体的关系

一般来讲，全媒体只是传统媒体与网络媒体的有机融合，并不属于多种媒体形态的协作。将跨媒体看作全媒体是错误的，忽略了两者之间的差别。随着社会的发展，信息技术和通信技术都得到了快速的发展并被广泛地应用于社会的各个领域，在此背景下，"多媒体""跨媒体"等媒体形式应运而生，并在发展的过程中催生了全媒体的形式。全媒体和跨媒体、多媒体之间既有联系又有区别。全媒体注重的是多种媒体之间的有效融合，跨媒体注重的是各种媒体形态间的协作传播，而多媒体侧重的是多种信息形态的叠加表达。全媒体可以看作多种媒体类型的综合体；多媒体属于多种类型媒体的大融合，突出反映的是各种媒体类型间的协作与互动。从客观上来看，全媒体是一种运作的模式和策略，经过多种渠道的融合，建立起开放的信息传播平台，为用户获取信息和服务提供了极大的便利性。

（四）内容和渠道的关系

传统的广电媒体既是内容上的提供商，也是渠道上的服务商，所以其采用的是"内容+渠道"的发展模式。在传统广电媒体时代，媒体需要对传播内容进行采集和加工制作，再经过相关渠道进行广泛的传播。在数字媒体时代，出现了一些新的发展变化，产业链出现了分化的趋势，内容和渠道相分离，随之形成了内容生产商和渠道提供商，随之而来的就是内容和渠道互相选择的问题。内容和渠道具有不同的追求目标，内容的追求目标是最大的覆盖率和最多的受众人数，通过有效的传播，受众人数越多，其传播的内容价值就越大；渠道追求的是渠道上的市场价值和影响力，渠道的使用者越多，渠道的价值越大。

侧重内容的广电全媒体的发展模式，侧重内容传播价值，由专业的内容提供商打造优质的内容和业务，不单纯地在自己的渠道进行传播，还可以在其他优势渠道进行传播，最大限度地实现全媒体的传播，获得最优的传播效果和最大的经济效益。而侧重渠道的广电全媒体，注重渠道的传统价值，作为专业的平台提供商，通过各种新媒体的建设、维护及营销，成就平台的巨大影响力。对于广电媒体的发展而言，虽然还有发展侧重上的分歧，但是内容和渠道始终是不可以彻底分开的。内容制作上需要以质量为主，以制作出大量的优质内容为发展目标。而从渠道的发展来看，要积极拓宽媒介的发展渠道，注重集约化的生产，探索多种途径，使得传播渠道的影响力和市场价值不断提升。

（五）"合力"和"活力"的关系

我国广电媒体的发展经营比较注重"统"和"分"相结合的方式。这里的"统"突出合力，而"分"突出的是活力。在实践中，传统媒体向全媒体转型，却遇到了严重的"合力"与"活力"的问题。

1.内容上的近似度提升

全媒体的模式打破了众多媒体间的传统做法，就是在传播内容上互不干涉和交流的局面，建立起了内容创作机制，加强了内容上的融合和交流，这就很容易造成各个媒体平台上的信息近似度提升。

2.减少了媒体间的竞争

广电媒体集团旗下的众多媒体都是经营主体，他们之间存在着激烈的竞争，但在全媒体的模式下，新闻内容被有效融合，并且在集团中实现了共享，集团只参与到了与其他媒介的竞争当中，无形中减轻了竞争的压力。

3.全媒体记者专业化的问题

大多数全媒体记者都是一人担多职，对新闻进行采集和创作，记者的精力是有限的，难以掌握全面的专业技能，假如承担太多的职务很难保证专业的报道效果和水平。

以上这些问题，使得广电全媒体陷入了争议的旋涡，需要广电全媒体认真面对和解决这些发展过程中出现的新问题。我国广电全媒体的转型发展，需要加深认知，妥善处理好全媒体发展中的各种问题和关系，探索到最适合的发展之路。

二、行业策略

广电行业发展策略不仅对三网融合工作的开展有着较大的影响，而且直接影响到广电全媒体发展的成就。概括来说，广电行业发展策略主要与下列问题有关。

（一）构建统一的监管体系

广播电视媒体不仅拥有内容资源方面的优势，而且其在内容制作方面也有着较大的优势，同时广电行业监管机构不仅掌管着内容审查权，还掌管着新媒体牌照发放的权力。电信行业在用户管理系统、双向网络方面有天然的优势，而且该行业在语音业务、网络进入、手机入网等方面同样具有较大的优势。双方的关键业务恰好为对方的弱势，双方均在谋求进入对方的关键业务领域，同时也努力维持自己在关键业务领域的绝对优势。上述情况形成了当前电信、广电行业相互制约的形势。由于缺乏统一监管，市场竞争环境的公平性无法获得有效保障。而三网融合工作的持续开展，必然会逐渐削弱甚至消除两大行业间的壁垒，从而实现监管的统一。统一监管的实现，有利于国家利用各种协调性的政策来促进广电、电信行业的利益平衡，并且为三网融合的实现进行新的产业布局。

（二）加快制播分离

制播分离，其实就是从广播电视媒体中分离出一个拥有市场主体地位的传媒企业，从而使广播电视媒体拥有了参与市场竞争的机会，这种改革方式是在保持广电媒体现有体制的基础上，实现其企业化运作，是应对当前广电传媒体制改革需要的一种有效方式。我国的制播分离只是在电视台的主导之下建立相应的节目制作企业，但是该企业仍旧受到电视台的管理和控制。这种制播分离方式其实也是对广电市场新型运行机制的探索。根据政府相关部门的要求，湖南广电传媒集团开展了制播分离改革，除了新闻类节目外，其他节目的内容生产全部由传媒企业负责，而且该传媒企业属于市场主体，可以跨地区、跨行业、跨国家发展其在市场上的各种业务。制播分离赋予了广播电视媒体通过传媒企业参与市场竞争的机会，有利于提升广电行业的市场化水平，并且促进市场竞争机制的形成。

（三）加快网络改造

网络作为基础性平台资源，已经成为三网融合过程中最为关键的竞争领域，只有掌握了基础性网络平台的主导权，在三网融合过程中才能拥有主动权。

从广电和电信网络的优势、劣势来看，广电网络带宽容量较大，双向互动功能有待提升，而电信网络具备良好的双向互动功能。随着数字化媒体的发展，广电网络开启了有线网络的双向数字化改造。另外，为了推动三网融合工作的开展，并且应对下一代电信网络（NGN）带来的挑战，广电开启了下一代广电网（NGB）的建设工作，NGB是国家广播电视总局提出的构建下一代广播电视网的计划重点，NCB具有如下特征。

第一，带宽容量大。NGB的带宽容量非常大，根据广电网络的宣传，NGB的骨干带宽达到T级，进入社区可以达到千兆，而进入居民家后，带宽容量可以达到百兆。

第二，单双向融合。即NGB既能够支持单向广播业务的开展，也可以支持双向交互广播、点对点双向交互这两种双向互动业务。

第三，全媒体全业务。NGB支持图文视音等全媒体形态，并且可以支持广电推出的广播电视、多媒体通信、在线游戏等全部业务的开展。

第四，可管可控。NGB的运行是可以进行控制管理的，而且其可信度非常高。为了推动NGB项目的开展，由国家广播电视总局牵头，财政部出资40亿元，成立了国家广电网络公司，这就代表着广电在原来的数字电视网基础上，又具备了推广高速互联网接入业务的能力。

NGB与NGN一样，都会成为三网融合的基础网络平台，而三网融合工作在此基础上得到了进一步的推动。

（四）实施平台化战略，争取三网融合主导权

互联网的开放性特点使得具备内容生产能力的网络媒体平台，与具有无限需求的用户之间实现对接，从而达到满足双方需求的目的。从行业发展情况来看，互联网通过新型业务模式的开发，对广电、电信行业的核心利益造成了一定的威胁。微信、QQ等网络业务，使得传统电信运营商的通信业务受到了威胁，并且迫使其逐渐转变为单纯的数据传输管道运营者。广电全媒体的发展，需要依靠平台化战略才能顺利实现，平台化媒体的顺利运营需要合适的规则和机制的约束，信息平台建立之后，将会吸引海量的内容、客户方面的资源，平台的影响力也会随之提升。信息平台属于双边型的市场，一边主要为平台提供的内容和服务，另一边则是用户，一边的资源变化会对另一边造成影响。从行业发展的角度来看，随着三网融合工作的开展，广电媒体需要重新构建侧重于平台运营管理的新型运作模式。

第一，广电应当加速NGB的建设工作，通过努力推动基础性网络平台的建设来为自己获得三网融合过程中的更多主动权。

第二，广电媒体还要通过建设信息服务平台的方式，使得传媒市场中的所有内容提供商、服务提供商都要依赖广电建设的相关平台，才能实现与用户之间的对接，使得广电能够掌握应用业务平台的主控权。

三、组织策略

组织策略就是从微观角度来分析广电媒体的自我发展策略。由于各个广电媒体的实际情况不同，因此广电媒体必须在充分考虑自身现实情况的基础上才能寻找到最佳发展策略。广电媒体发展组织策略主要涉及以下几方面内容。

（一）强化内容优势

传统广电媒体的优势主要是渠道和内容，但是在传播渠道多样化发展的市场环境下，其渠道优势正在逐渐减小，而内容优势仍旧存在。在这一情况下，广电应当不断提升自身的内容优势，才能在市场竞争的过程中获得一定的地位。强化内容优势，广电可以从两个

方面入手。

第一，转变发展模式，将原来以渠道为主的发展模式向以内容为主的发展模式转变，使自己成长为优质内容生产提供者。

第二，将自己打造成内容资源的整合者，利用自己的资源优势，将众多内容提供商的内容集合到一起，并对其进行整合。

全媒体时代，广电应当做好信息推送工作，利用大数据技术、人工智能技术等先进技术，分析用户喜好，并据此向其推送信息，从而实现个性化服务的目标。广电可以向用户提供免费、收费两种模式的内容服务，免费模式的服务对象为大众，具有公共性特点，将广告、基本收视费作为盈利点。收费模式的服务对象为个人，通过由点至点的内容传播方式，向用户提供定制视频、声频内容，并且以点播费、会员费等作为盈利点。

（二）创新内容生产

传统广电媒体的内容生产主要围绕着频道和栏目发展的需求进行，配套组织结构为垂直型结构，记者、编辑等负责内容生产的工作人员全部属于某个频道或某个栏目，而内容生产单位也是以频道或栏目为基础形成的。这种垂直化的组织结构不利于广电媒体的发展。传统广电媒体的内容生产模式与全媒体发展需求之间存在着一定的矛盾，为了解决这一问题，广电媒体应当对媒体内部的内容生产流程和机制等进行调节，采用新的内容生产、传播模式，这样才能与全媒体的发展需求相适应。全媒体要求广电媒体必须将原来的垂直化组织结构转变为扁平化的组织结构，对内容生产和播出这两个环节进行优化，采用集约化的方式开展这两项工作。生产集约化，就是转变记者在内容生产中的定位，使其成为直接为集团和共享平台服务的内容生产者。记者采集的各种信息内容全部上传到同一平台上进行共享，而各个栏目的编辑人员，根据栏目需要从平台上选择相关内容进行节目制作，制作的节目应当同时能够在电视、电脑、手机、平板等终端设备上播放。在这种新型的内容生产框架下，用户也能够通过全媒体终端的双向互动功能，参加到内容生产当中，用户既能够自己生产内容，也可以对节目制作提出自己的建议。另外，用户在全媒体传播的条件下，可以对播出的内容进行相应的评价，而评价的内容会经由网络传送到内容生产者的手中，内容生产者可以根据用户评价进行相应的内容调整，使得制作的节目更加符合用户的需求。在内容传播阶段，是在集成播控平台的帮助下，采用全媒体手段进行播放，从而使得用户可以在多种不同的终端设备上收听、收看相关的节目内容。用户通过各种智能化终端可以快捷迅速地实现相关信息的接收，同时享受广电媒体为其提供的其他服务。

（三）拓展传播渠道

渠道是进行内容传播的载体，同时也是传统广电媒体非常重要的一种资源。互联网时代，渠道已经由原来的稀缺资源转变为现今的普通资源，随着用户信息接受渠道的多样化发展，传统广电媒体的渠道价值出现了非常明显的下降，传统广电媒体已经不再拥有对信息渠道的绝对控制权。在这一发展形势下，广电媒体如果依旧坚持围绕传统渠道发展，必然会在媒体产业开放程度不断提升的过程中逐渐丧失自己的优势地位，传统广电媒体必须顺应媒体行业的发展形势，通过拓展新型传播渠道，开发新的业务模式等方式来实现全媒体转型。在三网融合工作持续开展的背景下，广电新媒体的数量持续增长，每个广电新媒体都可以成为新的信息传播渠道。因此，传统广播电视媒体应当抓住这一新的市场机会，努力拓展新的传播渠道，并且在新的市场当中占据优势地位。而想要实现这一发展目标，传统广播电视媒体在进行新型传播渠道的拓展时，应当在对渠道特点有充分了解的基础上，根据各个渠道末端用户的特点来进行内容资源的配置，这样才能节约资源，让广电媒体制作的各种内容产品都能收到最好的盈利效果。

（四）实施平台化战略

互联网平台具有高度开放性的特点。以互联网购物平台为例，互联网平台在一定程度上可以划分成凡客式、京东式、淘宝式这三种不同的模式。

1.凡客式平台

凡客式平台最为典型的代表就是凡客诚品网站，虽然这是一家购物网站，但是网站上只经营一个品牌的产品，这种模式的平台，其优势在于具有自身独特的特色，但是这种平台的客户群相对固定，具有小众化的特点，因此平台的影响力难以获得有效提升。

2.京东式平台

京东式平台的典型代表就是京东商城，其主要业务为家电销售，京东商城不进行任何家电产品的生产，但是商城上聚集了几乎所有品牌的家电产品，京东商城只是为顾客和商家提供了一个便捷的交易平台。这种平台模式的优势在于，将大量同类产品聚集到一起，对于有相关商品需求的用户有着非常大的吸引力，而且用户群体的规模也相对较大，但是平台本身没有任何特色、差异化的产品资源，存在被复制的风险。

3.淘宝式平台

淘宝式平台的典型代表就是淘宝网站，该网站上聚集了各种类型、各种用途的产品，平台本身不从事任何产品生产工作，也不进行任何产品的销售，只是为产品销售方和购买方提供一个虚拟的产品交易场所。这种平台模式最为主要的优势就是吸引了海量用户，用户规模非常大，因此影响力也非常大。

假如以这三种不同模式的购物网站与信息传播平台进行类比，传统媒体网站的特征与凡客式平台类似，网站上发布和传播的各种信息，大多数是媒体自己制作的内容产品，因此属于自产自销；商业门户网站则是与京东式平台类似，门户网站将各家传统媒体的信息内容集合到一起，为用户提供更加便捷的一站式信息服务，从而吸引更多用户的关注；微博、微信等与淘宝式平台相似，平台运营者本身并不进行信息的生产和传播，但信息传播者可以根据自身特色以及想要吸引的用户群体来决定自己发布何种类型的信息，这些平台使得内容生产和内容消费实现了自由匹配，因此平台的用户规模非常庞大，平台的影响力也非常大。

对于某一具体的传统广播电视媒体来说，必须将传统的渠道模式转变为信息平台模式，这同时也是全媒体时代背景下，用户对信息传播的一大需求，但是如何选择合适的平台模式，需要广播电视媒体结合自身的实际需求进行。

当前广播电视媒体大多都有了自己的新媒体平台，但是从这些平台的运营模式来看，平台本身发布的多数内容均是原创性的，与其他信息平台之间可以明显地区别开来，但是平台的用户数量并不多，因此平台的影响力也相对较小。淘宝式信息平台对技术要求非常高，实质上属于技术类平台，而传统广播电视媒体通常不具备信息平台技术优势，这也就限制了其发展淘宝式平台的行为。结合当前广播电视媒体的实际情况以及优势，广播电视媒体在全媒体转型的过程中可以打造一种结合凡客式和京东式二者优点的新型信息平台模式，使用媒体自产的一些原创内容来打造平台的特色，在此过程中应当注意区分与其他广电媒体平台的区别，这样才能保持自身独有的特色；同时，平台可以将其他信息平台上的一些优质信息集合到一起，使得用户可以在平台上享受到一站式的信息服务。

（五）紧扣"媒体"属性

在当前信息化时代背景下，大众媒体的影响力正在逐渐上升，并且开始向社会各个角落渗透，已经成为能够对社会发展产生影响的一种重要的社会力量，它与各种社会构成因素，包括其中每个人类个体都有非常密切的关系。由于大众媒体具有无与伦比的社会影响力，自然需要承担相应的社会责任，其中最为重要的就是对公共舆论进行正确引导。大众媒体通常拥有规模庞大的用户，这就使得大众媒体的运营隐藏着非常大的商业价值，这一点是由媒体的经济属性决定的，而经济属性其实就是其市场属性。广电全媒体创办的新媒体应当始终坚持媒体属性，这不仅是广电全媒体的特征，也是其优势所在，还是广电全媒体与商业化媒体之间最为明显的区别。紧扣"媒体"属性，需要广电全媒体承担必要的社会责任，正确引导社会舆论，并且努力提升自己的权威性、公正性，使自己具备更高的社会公信力。在广播电视媒体向全媒体转型的过程中积极履行相应的社会责任，应当作为广电全媒体发展过程中的一项重要发展策略。媒体最核心、最关键的资源就是公信力，而公信力的提升要求媒体必须坚持维护社会公共利益，在内容制作、传播的过程中应当始终将社会效益、公共利益放在首位。媒体属性可以使得广电全媒体更加快速地树立自身在社会以及用户当中的权威，获得社会大众的认可，在此基础上，媒体可以为自己争取更多的政策性、社会性资源。

（六）借势"母体"资源

广电全媒体的母体就是传统广播电视媒体，随着媒体市场竞争愈加激烈，如果新媒体离开了"母体"的支持，其实力必然会出现大幅下降，在与市场化新媒体竞争的过程中将会处于弱势地位。传统广播电视媒体应当从以下几个方面对新媒体提供资源支持。

1.政策资源

传统广电媒体在自身发展过程中积累了大量的资源，可以对这些政策资源进行转化，使其成为新媒体的资源优势，从而促进其市场竞争力的提升。

2.资金资源

广电新媒体的发展离不开强力的资金支持，如果离开"母体"的支持，凭其自身的能力很难获得相应的资金维持自身的运营和发展。当然，单纯依靠"母体"的支持不能有效促进新媒体的快速发展，新媒体应当积极通过资本运作的方式，吸引社会资本的加入，从而为自身的发展提供强有力的资金保障。

3.内容资源

传统广播电视媒体的一大重要优势资源就是自身强大的内容生产能力，而传统广播电视媒体将自身原创的众多优质内容资源传递给广电新媒体，可以使其成为广电新媒体的资源优势。

4.影响力资源

对于那些实行单一品牌策略的广电新媒体平台来说，可以直接利用传统广电媒体的品牌影响力来提升自身的社会影响力，而对于那些实行多品牌战略的广电新媒体，可以充分利用传统广电媒体宣传推广自己的品牌，从而不断提升自身的品牌影响力和社会影响力。

5.人才资源

传统广播电视媒体在长期发展的过程中，积累了大量优秀人才，而广电新媒体可以充分利用"母体"的人才资源来促进自身的发展。需要注意的是，在利用"母体"人才资源时，应当注意人才的环境适应能力，保证这些人才能够适应新媒体平台的发展环境。

（七）体制机制创新

随着市场发展环境的转变，传统广电媒体原来具有的事业单位特点的体制机制的弱点开始显现，传统广电媒体具有事业单位的特点，但是迫于环境要求需要实行企业化管理，而这种体制机制的弊端非常多，随着传媒市场的竞争激烈程度不断提升，体制机制的改革和创新已经成为整个广电行业的共同追求。广电媒体必须配备更加灵活有效的体制机制，才能适应激烈的市场竞争形势，并且在市场竞争中努力提升自身的实力。

当前，中国广电媒体在体制机制方面仍旧有待改进，现有体制机制不利于广电媒体引进社会资金，而且无法吸引优秀的高素质人才加入。因此，广电媒体在全媒体转型的过程中，应当持续推动体制机制的改革创新，这样才能与新媒介市场的发展要求相适应。体制机制的改革创新，不仅有利于广电媒体提升自身的市场竞争能力，还能实现与市场的对接，使得广电媒体与市场中的其他新媒体企业获得同样的市场环境和机会，并且在一定程度上促进外部资源的交流。

（八）构筑全媒体优质品牌

媒体的成功程度取决于其影响力的大小，而媒体经营其实就是不断扩大其影响力，进而形成媒体品牌。品牌影响力大的媒体，其竞争优势相对较大，同时生命周期也相对较长，因此品牌战略应当成为广电全媒体发展的重点战略。从实际发展情况来看，广电全媒体品牌战略主要包括单一式、多元化这两种。

1.单一式品牌战略

单一式品牌战略就是广电全媒体围绕一个品牌发展，并且以此品牌为中心，开发各种跨越媒体、媒介的产品，这样可以形成品牌聚合力，并且品牌的影响力也更容易提升。单一品牌战略的实施，通常是延续原来的传统广播电视媒体品牌，使其在自身打造的各个全媒体平台上展现。这种战略模式拥有原来的品牌基础，因此比较容易获得市场认可，并且有利于降低全媒体品牌推广的成本。但是，这种战略的实施，需要单一品牌原来就具有比较高的影响力，这样才能帮助全媒体平台有效突破地域限制，并且获得与网络媒体同等的市场地位。

2.多元化品牌战略

多元化品牌战略就是在全媒体发展的过程中，广电新媒体独立打造属于自己的新品牌，这种方式使得一家广电全媒体拥有多个媒体品牌。多品牌战略的优势在于，有利于明确各个媒体平台的品牌定位，并且做好市场细分，其劣势在于新品牌的成立需要花费一定的资金进行推广，同时需要更长的时间才能获得市场的认可，另外品牌过多也会相应增加管理方面的难度。

（九）合纵连横，联合发展

中国广电产业的格局相对比较分散，而且具有比较明显的地域特点，其产业形态决定了很难形成规模庞大、实力雄厚的广电媒体机构。在这种产业形势下，广电全媒体转型发展的过程中，有必要打破地域方面的各种限制，通过合纵连横、联合发展的方式来促进广电媒体实力的提升。

第一，网络媒体的全球性特征，使得传统广电媒体的地域性、行政性特征被颠覆。从理论角度来说，在互联网上，全球任何地方的IP终端，都能够对互联网上的各种网络媒体进行访问，网络媒体天生具有平等性的特点，因此决定其影响力的是用户访问量，即用户才是帮助网络媒体提升自身地位的主要力量。这就使得广电媒体在全媒体发展的过程中可以利用网络来打破原来的地域、行政级别方面的限制，为其联合发展提供了条件。

第二，联合发展有利于广电媒体提升市场竞争力。单一广电媒体的实力很难满足全媒体发展的资源需求，而且单一广电媒体需要独自面对市场风险。面对实力强大的电信企业、互联网企业的竞争压力，广电媒体必须联合起来，集合优势资源，共同面对风险，这样才能提升其市场竞争力。

结束语

当下，媒体融合已然成为媒体行业发展的一大趋势。对于广播电视而言，面对近年来新媒体的巨大冲击，必须要转变思想、开拓创新，注重发挥自身优势的同时，推进与新媒体的融合发展。因此，本书基于这一背景，探究了广播电视与新媒体发展，笔者认为，新媒体背景下广播电视发展的策略如下。

（一）革新思想观念

为进一步推动广播电视与新媒体的融合发展，广播电视工作人员必须要不断革新自身的思想观念，紧随时代前进步伐，秉持互联网思维，进而促进广播电视与新媒体的有机融合。在这个过程中，广播电视应正视新媒体的优势，对自身的资源进行优化整合，构筑与新时期发展需求相符的新型媒体，从媒体建设、广播电视网络融合等方面着手，推进广播电视与新媒体方方面面的不断融合。同时，构建广播电视与新媒体相融的采编播运营体系，并不断引入先进新媒体技术以实现多元化的信息传播，为广播电视与新媒体的融合打下良好基础。除此之外，还应从深度借鉴新媒体传播渠道、提升节目内容趣味性、实现与受众的深度交互等方面着手，推进广播电视与新媒体的融合发展。

（二）推进与媒体资源的深度融合

新媒体环境下，广播电视要想实现与新媒体的融合发展，应当明确"融合"不等同于"简单叠加"，更应当秉持互联网思维，推进广播电视与新媒体的内容共享、资源联动、人员协作，等等。新媒体内容输出表现出显著的高效、迅速、融合特征，相较于广播电视，新媒体在报道"即时新闻"、新闻事件连续跟踪等方面有着突出的优势。同时，新媒体新闻内容采集、采访活动开展、媒体规划布局等方面都表现出交流化、社会化的特征，因而，广播电视与新媒体应推进深度融合，优化平台，实现协同发展。

（三）推进技术层面的创新发展

新时期，不管是广播电视等传统媒体，还是如今广泛流行的新媒体，都不断趋于网络化、移动化，要想实现广播电视与新媒体的有效融合，势必要推进技术层面的创新发展。

换言之，广播电视应注重推进与新媒体技术的有效融合。广播电视与新媒体的融合，还应加强对大数据、物联网、人工智能等网络信息技术的有效应用，建立全新的技术体系，为两者融合提供有力技术支撑。在此基础上，技术层面的创新发展还应加强新媒体技术人才队伍建设，相关部门应有效发挥牵头作用，秉承"走出去、请进来"的原则，积极组织相关人员参与培训活动，不断提升相关人员的融合意识、媒体融合操作水平；同时，还可加强与地方高校的交流合作，在高校中设置相应专业，实现对人才的定性、定量培养，为广播电视与新媒体的融合发展提供可靠人才保障。

当下，融媒体已成为社会发展的必然趋势，而广播电视与新媒体的融合即为融媒体发展的重要体现。新媒体环境下，广播电视与新媒体的融合面临着融合理念先进性不足、资源配置不合理、技术创新不足等种种问题的考验，一定程度上影响了它们的融合成效。为此，广播电视应从多个不同方面着手，开拓广播电视发展渠道，推进广播电视与新媒体的互补及资源共享，进一步实现广播电视与新媒体的有效融合。

参考文献

[1] 李奕佳.广播电视传媒新媒体转型探究[J].采写编，2023（7）：29-31.

[2] 张斯博.媒体融合背景下广播电视向新媒体转型路径分析[J].新闻传播，2023（12）：43-45.

[3] 张奕晗.广播电视播音主持业务素养提升策略[J].采写编，2023（6）：63-65.

[4] 张扬.广播电视媒体新闻传播在新媒体时代如何实现"突围"[J].新闻传播，2023（10）：42-44.

[5] 朱婕.基于新媒体技术的广播电视播音主持发展趋势[J].传媒论坛，2023，6（8）：56-58.

[6] 唐亮.VR视频在广播电视及新媒体领域的应用[J].电视技术，2023，47（4）：133-135.

[7] 许亚辉.新媒体技术在广播电视制播领域的应用[J].电视技术，2023，47（4）：81-83.

[8] 李华芹.新时期广播电视与新媒体融合发展研究[J].中国报业，2023（6）：34-35.

[9] 张杰志.试论新媒体背景下广播电视技术维护[J].中国高新科技，2023（6）：152-154.

[10] 陈鑫.新媒体技术在广播电视新闻采编中的应用[J].电视技术，2023，47（3）：62-64.

[11] 杨晟斌.新媒体技术给广播电视新闻采编带来的创新与挑战[J].电视技术，2023，47（3）：170-172.

[12] 陈张荣.新媒体时代广播电视系统维护管理工作探析[J].西部广播电视，2023，44（3）：231-233.

[13] 彭岩寓.传统广播电视与新媒体融合渠道拓展[J].中国报业，2023（1）：184-186.

[14] 朱剑剑.新媒体背景下广播电视编辑业务的发展和创新探讨[J].中国有线电视，2023（1）：76-78.

[15] 张峻峰.新媒体时代广播电视新闻的选题标准和采访技巧[J].内江科技，2022，43（12）：89-90.

[16] 金大用.广播电视媒体与新媒体深度融合发展路径的思考[J].新闻文化建设，2022（22）：121-123.

[17] 刘国松.新媒体背景下广播电视技术维护工作探讨[J].电视技术，2022，46（11）：103-105，110.

[18] 谷峰.探究新媒体条件下广播电视新闻写作的新诉求[J].新闻文化建设，2022（21）：142-144.

[19] 姚蕾.新媒体时代广播电视新闻采编的创新路径[N].山西日报，2022-11-08（10）.

[20] 王瑜.新媒体时代广播电视新媒体人才需求和能力培养策略分析[J].西部广播电视，2022，43（S1）：118-123.

[21] 申峰.新媒体语境下广播电视新闻传播如何实现"突围"[J].新闻文化建设，2022（20）：121-123.

[22] 葛文琪，李飞鸣.新媒体语境下传统广播电视转型的职能定位[J].新媒体研究，2022，8（19）：66-68+83.

[23] 洪圣艺.新媒体时代广播电视作品与短视频的相互融通[J].西部广播电视，2022，43（18）：57-59.

[24] 莫渊.新媒体时代传统广播电视编辑工作的创新策略探析[J].新闻文化建设，2022（17）：174-176.

[25] 丁波涛.新时期传统广播电视与新媒体的融合[J].电视技术，2022，46（9）：159-161.

[26] 黄旭升.新媒体环境下广播电视编辑工作及业务探究[J].文化产业，2022（22）：40-42.

[27] 张晓霞.新媒体背景下广播电视播音主持的发展策略研究[J].中国新通信，2022，24（15）：82-84.

[28] 吴梦婕.广播电视与新媒体的融合发展[J].采写编，2022（7）：108-109.

[29] 王惠.论传统广播电视与新媒体融合发展[J].中国报业，2022（2）：34-35.

[30] 何伟江.传统广播电视与新媒体融合创新策略分析[J].西部广播电视，2022，43（2）：74-76.

[31] 魏明.新时期广播电视媒体与新媒体的融合与发展[J].新闻传播，2022（2）：53-54.

[32] 张晶.新媒体语境下广播电视的战略转型[J].西部广播电视，2021，42（23）：75-77.

[33] 刘蕊嘉.广播电视编导的创新与改进路径[J].采写编，2021（11）：58-59.

[34] 倪瑜桦.传统广播电视媒体与新媒体融合策略分析[J].记者摇篮，2021（11）：91-92.

[35] 杜占飞.广播电视与新媒体技术的融合与发展研究[J].数字通信世界，2021（11）：158-160.

[36] 黄小琦.融媒时代广播电视媒体的转型发展研究[J].西部广播电视，2021，42（S1）：65-69.

[37] 张成慧.新媒体时代广播电视节目的转型及其分析[J].中国传媒科技，2021（8）：74-76.

[38] 彭尧.广播电视与新媒体的融合发展创新研究[J].科技视界，2021（23）：174-175.

[39] 李晓辉.新媒体时代广电技术的发展趋势分析[J].传媒论坛，2021，4（15）：52-53.

[40] 张勇军，杜洁思.基于新媒体环境下广播电视的战略转型研究[J].新闻文化建设，2021（14）：104-105.

[41] 车云翔.浅析新媒体时代广播电视编导的功能角色与创新[J].青春岁月，2021（14）：36-37.

[42] 何颖.新形势下城市广播电视媒体与新媒体融合思考[J].新闻传播，2021（14）：64-65.

[43] 陈怡明.新媒体语境下广播电视的战略转型探究[J].新闻传播，2021（14）：124-125.

[44] 王庆.新媒体背景下广播电视内容的生产与传播探究[J].新闻传播，2021（14）：144-145.

[45] 廖奕明.三网融合背景下的广播电视信息化建设[J].电视技术，2022，46（12）：178-181.

[46] 聂继中.基于三网融合的广电网格化技术支撑设计[J].信息记录材料，2022，23（8）：41-43.

[47] 梁铭可.三网融合环境下IPTV限时回放行为定性问题研究[D].苏州大学，2022.

[48] 田华.三网融合背景下的有线电视技术应用分析[J].电视技术，2022，46（5）：169-171，185.

[49] 苏晓卉.三网融合背景下的广播电视信息化建设[J].无线互联科技，2022，19（7）：18-19.

[50] 黄书鸿.三网融合背景下广电网络安全防护探析[J].无线互联科技，2022，19（7）：27-28.

[51] 邵丹.三网融合智能小区开辟电力营销新时代[J].大众用电，2021，36（8）：18-19.

[52] 王晗.三网融合背景下的广播电视新闻传播规制[J].记者摇篮，2021（7）：56-57.

[53] 孙静.三网融合背景下的下一代广播电视网[J].科技创新与应用，2021，11（12）：128-130.

[54] 张永亮.基于三网融合的智能网络通信技术发展特点[J].电子世界，2021（4）：82-83.

[55] 江玉婷.探析三网融合与5G在广电领域应用前景[J].无线互联科技，2020，17（15）：3-4.

[56] 李帅.基于三网融合背景下广播电视管理体制的发展探析[J].计算机产品与流通，2020（6）：283.

[57] 薛力瑞.三网融合下有线电视网络工程的验收要求分析[J].数字通信世界，2020（5）：125-126.

[58] 王昆.三网融合背景下手机电视商业模式分析[J].科技创新导报，2020，17（11）：

140–141.

[59] 王昆.基于三网融合的智能网络通信技术发展研究[J].通讯世界，2020，27（3）：108–109.

[60] 陈妍.三网融合的现状、问题及对策[J].中国新通信，2020，22（6）：34–35.

[61] 李亚文.三网融合下广电的5G发展之路[J].卫星电视与宽带多媒体，2020（5）：22–23.

[62] 王义学.基于三网融合背景下的广播电视技术与发展[J].数字通信世界，2020（3）：52，63.